PROJET

GÉNÉRAL

ET DOCUMENS

POUR L'ÉTABLISSEMENT D'UN NOMBRE SUFFISANT

DE FONTAINES

DANS LA VILLE DE BORDEAUX,

IMPRIMÉS PAR DÉLIBÉRATION DU CONSEIL MUNICIPAL, EN DATE DU 25 AOUT 1829.

A BORDEAUX,

CHEZ LANEFRANQUE FRERES, Srs. DE RACLE,

IMPRIMEURS DE LA MAIRIE, RUE SAINTE-CATHERINE.

1829.

FONTAINES

DE

BORDEAUX.

PROJET

GÉNÉRAL

ET DOCUMENS

POUR L'ÉTABLISSEMENT D'UN NOMBRE SUFFISANT

DE FONTAINES

DANS LA VILLE DE BORDEAUX,

IMPRIMÉS PAR DÉLIBÉRATION DU CONSEIL MUNICIPAL, EN DATE DU 25 AOUT 1829.

A BORDEAUX,

CHEZ LANEFRANQUE FRERES, S^{RS}. DE RACLE,

IMPRIMEURS DE LA MAIRIE, RUE SAINTE-CATHERINE.

1829.

ÉPARTEMENT
DE LA GIRONDE.

MAIRIE
DE BORDEAUX.

DIVISION
des
Travaux publics.

Monsieur le Maire,

Conformément aux intentions du Conseil municipal, expri-
mées notamment dans sa délibération du 25 Août 1829, j'ai
réuni les pièces relatives aux fontaines de la ville et qui doivent être imprimées. Voici dans quel ordre j'ai cru devoir les
ranger :

1°. Projet de M. Durand ;

2°. Rapport de la Commission ;

3°. Observations de M. Durand ;

4°. Mon rapport sur l'affaire en général ;

5°. Lettre de M. le baron d'Haussez.

Depuis cette classification, et après que les pièces qui y sont
comprises ont été livrées à l'imprimeur, M. le Préfet de la Gironde a bien voulu nous transmettre les renseignemens que
vous lui aviez demandés, relativement à l'Eau Bourde. En
voici le résumé :

Commune de Cestas. — Indemnité de-
mandée pour usines.......................... 27,000^f ^{,,c}

Plus, une autre indemnité pour déprécia-
tion de fonds, et qui n'est pas estimée....... *pour mémoire.*

Commune de Canéjean. — Tous les propriétaires réunis s'opposent formellement et absolument à toute déviation de l'Eau Bourde.................................. *pour mémoire.*

Commune de Gradignan. — Sur huit usines, trois sont estimées..................... 150,000^f $_{,,}$^{c}

Une est en non activité , et les propriétaires des quatre autres ont refusé de faire connaître le prix qu'ils mettent à leurs moulins, jusqu'à plus ample informé de cette affaire. *pour mémoire.*

Il n'est point porté d'indemnité pour les propriétés riveraines , telles que prairies , oseraies, etc. , etc. ; les estimations ci-dessus ne portent que sur les usines................. *pour mémoire.*

Commune de Villenave d'Ornon. — Trois usines , estimées ensemble..................... 260,000 $_{,,}$
L'indemnité pour les propriétés riveraines n'est pas évaluée............................. *pour mémoire.*

Commune de Bègles. — L'indemnité pour six usines et pour la dépréciation des propriétés riveraines, est estimée à............. 1,005,000 $_{,,}$

Ainsi, sur *cinq* communes , *trois* donnent des appréciations partielles , et par conséquent incomplètes ; *une* s'oppose formellement, et *une seule* donne une appréciation complète et qui s'élève à 1,005,000 fr.

Ce simple résumé indique assez quelles dépenses , et surtout quelles difficultés présenterait la déviation de l'Eau Bourde, et il est bon de rappeler ici que ce sujet est traité avec détail dans les pièces livrées à l'impression.

Quant aux puits artésiens, les affleuremens de la craie, dans laquelle on trouve ordinairement l'eau jaillissante qui les alimente, ces affleuremens, dis-je, se montrent à environ dix lieues de Bordeaux, dans le point le plus rapproché (1) : il y a lieu d'en conclure que le bassin de la Garonne ayant une vaste étendue, a aussi une grande profondeur, et cette circonstance ne peut qu'opposer de grands obstacles au succès des puits artésiens. Plusieurs forages exécutés dans le bassin de la Garonne, et poussés jusqu'à de notables profondeurs (2), n'ont produit aucun résultat favorable, et ont ainsi paru confirmer les indications données par l'examen géologique des lieux.

Néanmoins, la réussite d'une opération de ce genre serait d'une trop grande importance pour notre ville, pour qu'on y renonce lorsqu'il peut rester encore la moindre chance de succès ; et si les observations qui viennent d'être relatées sont de nature à diminuer beaucoup les espérances, du moins permettent-elles d'en conserver encore ; aussi le Conseil municipal a-t-il voté les fonds nécessaires pour cet objet, et les travaux, qui vont bientôt commencer sous la direction de MM. Flachat frères, et sur la place Dauphine, décideront définitivement ce qu'on peut attendre à Bordeaux des puits arté-

---

(1) Aux environs de Montlieu.

(2) Notamment chez M. le marquis de Lascaze, à Peujard ; ce sondage, exécuté sous la direction de MM. Flachat frères, a dépassé cent vingt mètres.

siens, qui, en d'autres endroits, ont donné des résultats satisfaisans.

L'approvisionnement d'eau de la ville, Monsieur le Maire,
est un problême de la plus haute importance, et dont la solution est, depuis bien long-tems, l'objet de la sollicitude et
des efforts de l'administration municipale; mais jusqu'ici aucun
résultat favorable n'a été obtenu.

La masse de documens dont l'impression a été décidée,
est le fruit de longues et laborieuses recherches, secondées par
l'expérience de nos devanciers et par les progrès si remarquables des sciences. De tels élémens semblent autoriser à prévoir une issue plus satisfaisante; et lorsque le sondage artésien
qui va être exécuté sur la place Dauphine sera connu, on
pourra, ce me semble, décider en pleine connaissance de
cause quel parti doit, enfin, être adopté pour faire jouir notre
ville du bienfait que réclament, depuis si long-tems et si im-
périeusement, son importance, sa richesse et son étendue.

Agréez l'hommage de la respectueuse considération avec
laquelle j'ai l'honneur d'être,

MONSIEUR LE MAIRE,

Votre très-humble et très-obéissant serviteur,

*L'Adjoint de Maire, délégué pour
les travaux publics,*

Jques. LUCADOU.

Bordeaux, le 3o Novembre 1829.

PROJET GÉNÉRAL

DE FONTAINES

POUR LA VILLE DE BORDEAUX.

PROJET DE M. DURAND.

MÉMOIRE.

De tous les monumens propres à embellir une grande ville, nul ne peut le faire d'une manière aussi convenable que des fontaines ; également susceptibles de magnificence et de simplicité, elles se prêtent à toutes les formes et s'adaptent à tous les lieux ; mais leur utilité demeure toujours la même : pour les habitans qui en jouissent, ce sont des sources de vie et de santé ; pour les administrateurs qui les font construire, ce sont des titres incontestables à une gloire solide, puisqu'elle est le juste prix d'un grand bienfait.

Bordeaux, l'une des principales villes de France, est aussi l'une de celles où les eaux potables sont les moins bonnes et les moins abondantes. Dès long-tems le besoin s'en est fait sentir, et l'administration municipale a fait des efforts pour y pourvoir ; mais elle n'a pu vaincre les nombreux obstacles qui se sont opposés à l'accomplissement de ses projets généreux, et la ville est demeurée dépourvue d'eau.

Appelé, dans ce fâcheux état de choses, à diriger les travaux hydrauliques de la ville, j'ai mis tous mes soins à trouver les moyens de l'approvisionner d'une quantité convenable de la meilleure eau possible. Plusieurs années d'observations suivies et attentives m'ont mis à même de connaître les ressources et les difficultés que présentent les localités : j'ai étudié les établissemens qui approvisionnent plusieurs villes considérables de France, et je viens aujourd'hui présenter à l'autorité le fruit de mes recherches et de mes travaux ; heureux si mes efforts secondent dignement ses intentions bienfaisantes, et si, comme j'en ai la confiance, mon projet résout, enfin, le grand problème que depuis si long-tems on s'est vainement proposé !

Je diviserai ce travail en trois chapitres : j'analyserai, dans le premier, ce que l'histoire, la tradition et les découvertes modernes ont appris sur les anciennes fontaines de Bordeaux ; dans le second, je considérerai leur état actuel et les diverses tentatives d'amélioration qui ont été faites ; dans le troisième, enfin, je décrirai le projet qui fait la partie principale de ce Mémoire.

CHAPITRE Ier.

ANCIENNES FONTAINES DE BORDEAUX.

Dans son éloge de Bordeaux, Ausone décrit en vers pompeux la magnifique fontaine Divona, dont l'onde intarissable fournissait abondamment, dit-il, à tous les besoins des Bordelais ; mais pendant les quinze siècles qui se sont écoulés depuis cet éloge, Bordeaux a souffert les invasions réitérées des Barbares et les saccagemens affreux qui caractérisent les guerres du moyen âge. Des tremblemens de terre ont bouleversé son sol, des incendies ont changé ses monumens en monceaux de ruines, et des jours heureux ayant enfin succédé à ces vicissitudes, une ville immense et nouvelle s'est élevée sur les ruines de l'antique cité dont quelques débris épars désignent à peine l'étroite enceinte. Il n'est pas étonnant qu'après tant d'orages, il ne reste d'autre vestige de la fontaine Divona que les vers harmonieux d'Ausone, qui, peut-être, la décrivit avec l'enthousiasme d'un poète, plutôt qu'avec l'exactitude d'un historien. Peut-être aussi cette source s'est-elle tarie d'elle-même, comme l'a fait, il y a peu de tems, celle de Salisse, dans les Pyrénées. Quoi qu'il en soit, on a cherché partout les vestiges de cette belle fontaine, mais on ne les a trouvés nulle part. A défaut de faits, on s'est livré aux conjectures, on les a épuisées, le tout en vain, et la fontaine Divona a continué à n'être connue que par les vers du poète qui l'a chantée. Cette perte est grande, sans doute, puisque la source Divona était abondante et pure ; mais il me semble qu'alors même qu'on la retrouverait actuellement, elle ne pourrait dispenser de chercher ailleurs des ressources. En effet, le texte du seul auteur qui en ait parlé me semble indiquer clairement que cette merveilleuse fontaine était, non une eau amenée de loin par des aqueducs, mais bien une source profonde qui jaillissait dans l'enceinte même de la ville ; or, cela étant, il est incontestable qu'aujourd'hui la source serait encavée au moins des 4$^{m.}$ dont le sol actuel de la ville est supérieur au sol de la cité antique ; de plus, ces eaux, jadis si pures, auraient inévitablement été souillées et corrompues, comme toutes celles de la ville, par les infiltrations délétères des égouts et des fosses d'aisances de cette vaste cité. Cette fameuse fontaine, que les anciens avaient divinisée, mérite donc des regrets en raison de ce qu'elle a été autrefois, mais non sous le rapport de ce qu'elle pourrait être maintenant si elle existait encore.

Des vestiges d'aqueducs ou de fontaines antiques ont été découverts à plusieurs époques, soit dans la ville même, soit dans ses environs. Vinet et l'abbé Baurein, cités ou copiés par d'autres écrivains postérieurs, signalent ces découvertes, où ils ne manquent pas de voir des vestiges de *l'inévitable* fontaine Divona ; mais leurs observations ne paraissent pas faites avec le soin et la précision nécessaires, et leurs conjectures sur la fontaine d'Ausone sont surtout dépourvues de preuves et de vraisemblance. L'un de ces aqueducs a été suivi et observé avec soin dans l'année 1826, sur un développement de 9600^{m}·, depuis une fontaine voisine du moulin de Vayres, jusqu'à une sablière située près le pont d'Ars ; mais ses traces ont disparu à l'entrée de la ville, et, comme tous les autres, il n'a donné aucun indice certain du point où il se terminait. (Voyez le rapport fait à l'académie royale des sciences de Bordeaux, par la commission prise dans son sein, et composée de MM. Billaudel, Blanc-Dutrouilh, Jouannet, Lartigue et Durand, cahier de 1826).

Tels sont les faits connus sur les eaux de l'antique Bordeaux : il est évident qu'on ne peut en déduire rien d'applicable à l'approvisionnement d'eau de la ville actuelle, et qu'on ne doit chercher des ressources que dans l'état de choses existant.

CHAPITRE II.

ÉTAT ACTUEL.

Article Ier. — *Sources situées dans la ville.*

1°. *Source Bouquière.* Cette source est citée dans les *Chroniques Bourdeloises*, en 1612 et 1614, comme la meilleure de celles de Bordeaux; actuellement, elle est notoirement séléniteuse et de mauvaise qualité : peut-être ce changement est-il dû aux infiltrations dont j'ai déjà parlé. Cette source jaillit à 8m. en dessous du sol actuel; elle est assez abondante et ne tarit que fort rarement, quoique son eau baisse sensiblement dans les grandes chaleurs, surtout depuis quelques années.

2°. *Source Daurade.* Actuellement mauvaise, elle est de 8m. au-dessous du sol. Les Chroniques Bordelaises de 1614 annoncent que c'est en cette année qu'on établit la pompe au moyen de laquelle on élève encore l'eau de cette source, qui, bien que gâtée à cette époque, « *avait été ci-devant,* dit la » Chronique, *une très-belle et bonne fontaine, comme celle* » *de rue Bouquière* ».

3°. *Source d'Audège.* De même nature que les précédentes, elle est placée comme elles au-dessous du sol. On élève l'eau au moyen d'une pompe. En 1559, on y exécuta quelques travaux; et, d'après la Chronique de cette année, on la croyait celle qu'a citée Ausone.

4°. *Source de l'Or.* De même qualité à peu près que celles

déjà citées. Cette source, qui sert à l'approvisionnement des navires de la rade pour les voyages de long cours, jaillit à quelques pieds sous terre; et comme depuis quelques années elle a beaucoup baissé, et que son eau n'atteint plus aux canules de distribution à l'époque des fortes chaleurs, on y a placé une petite pompe à bras, au moyen de laquelle le public pourvoit à son approvisionnement journalier. Une pompe plus forte, et mue par un cheval, élève une portion du produit de cette source, qui est distribuée à plusieurs fontaines situées sur le port.

Je n'ai trouvé cette source mentionnée dans aucun ouvrage, excepté dans le *Mémoire sur la possibilité d'établir à Bordeaux un nombre suffisant de fontaines*, rédigé en 1787, sur la demande de l'administration municipale, par MM. Blanc, Larroque, Thiac et Bonfin. Dans la classification des sources qui alimentent ou peuvent alimenter la ville (tableau 1er.), ce Mémoire, sans assigner un rang déterminé de bonté relative à cette source, la déclare simplement *mauvaise*. On lit dans le même ouvrage (pag. 6, 61 et 62) que l'usage de cette eau ne peut être que pernicieux et aux habitans de Bordeaux et aux équipages des navires qui s'en approvisionnent; et qu'à moins de trouver le moyen de la purifier, il faudrait renoncer à son usage. Quoi qu'il en puisse être des opinions que je viens de citer, du moins est-il bien constant que l'eau dont il s'agit est une des plus mauvaises de la ville, soit qu'elle ait dégénéré, ce que rien à ma connaissance n'autorise à croire, soit qu'elle ait toujours été ce qu'elle est maintenant.

5°. *Fontaine Figuereau.* Désignée sous le nom de *Figuerols*, elle est citée dans la Chronique de 1625, à l'occasion d'un marché passé avec un certain Romand de Limoges, qui s'engageait à en conduire les eaux au Chapeau-Rouge et à Saint-Projet, moyennant une somme de 20,000 liv. Il ne paraît pas que ce marché ait eu de suite.

Cette source, de médiocre qualité, est maintenant d'un usage fort étendu ; elle jaillit à quelques pieds sous terre, et des pompes en conduisent le produit dans les tonnes des marchands d'eau qui le distribuent dans une notable portion de la ville. Elle a beaucoup perdu de son volume et de sa hauteur depuis quelques années. Située à une extrémité de la ville, elle n'a pas encore acquis le degré de corruption qu'elle atteindra, sans doute, lorsque les habitations seront plus multipliées autour d'elle. Cette source communique évidemment, et de la manière la plus directe, avec des fontaines voisines qui appartiennent à des particuliers, et cette circonstance est de nature à inspirer des craintes fondées sur la conservation intégrale du produit de la fontaine de Figuereau.

6°. *Source Lagrange.* Cette source est semblable en tout à celle de Figuereau, dont elle est assez voisine pour qu'on soit autorisé à croire que toutes deux ont la même origine. Elle n'appartient pas à la ville, comme les précédentes, mais bien à un particulier qui en tire parti en l'affermant pour le service des porteurs d'eau.

Telles sont les sources à l'usage du public qui sont situées dans la ville, et auxquelles il convient, pour être exact, d'ajouter quelques puits dont les eaux, d'une qualité tout aussi inférieure que celle des fontaines dont il vient d'être parlé, sont élevées au moyen de pompes. Il est évident que presque tous ces puits et fontaines sont alimentés par une même nappe d'eau située à 10 ou 12^m de profondeur sous le sol.

Article II. — *Sources dans les environs de la ville.*

Pour éviter des détails inutiles, je ne parlerai que des sources qui sont amenées à Bordeaux, ou qui, par leur qualité ou leur position, pourraient convenablement y être conduites, et je ne dirai rien d'une foule d'autres qui ne sont pas de nature à être utilisées, telles, par exemple, que celle qui surgit sur l'ancienne route de Paris, à moitié hauteur du coteau du Cypressat : à son origine, ce n'est qu'un mince filet d'eau ; il parcourt une suite assez longue de fossés dans lesquels il s'augmente de quelques autres sources et de suintemens, et il arrive enfin, avec toutes ses augmentations, au pied du coteau, dans un lieu très-bas, où il forme un courant de quelque importance après les pluies, mais presque nul après les chaleurs.

1°. *Source de Mérignac, à Fontenieu.* Cette source est belle et de bonne qualité ; son produit a été estimé à 15 pouces fontainiers ; mais le mauvais état du lieu où elle surgit est tel que, maintenant, on ne pourrait en apprécier le volume avec quelque exactitude, qu'après avoir exécuté des travaux assez importans qui rassembleraient les filets d'eau épars, et dont une partie se perd dans les terres ; il paraît constant, d'ailleurs, que le produit de cette source, qui n'arrive point à Bordeaux, a singulièrement diminué : le Mémoire de 1787, déjà cité, la désigne comme de première qualité. Cette désignation est exacte *relativement* à la plupart des autres sources des environs de Bordeaux, mais elle ne l'est pas *absolument*, puisque cette eau est loin d'avoir le degré de pureté que l'absence de toute matière hétérogène constitue seule.

2°. *Source d'Arlac.* Cette source appartient à la ville, et son produit est amené en entier dans son enceinte. Sa qualité est la même que celle de la précédente ; elle produit environ 15 à 12 pouces fontainiers (12339 à 9871$^{m. cb.}$ par heure).

3°. *Source du Tondut.* En tout comme la précédente : leurs eaux se mêlent et arrivent à la ville dans la même conduite : elle produit environ 4 à 5 pouces fontainiers (3290 à 4113$^{m. cb.}$ par heure), et, ainsi que la précédente, elle perd peu de son volume et de sa hauteur dans les plus fortes sécheresses.

4°. *Source d'Artiguemale*, dite *des Carmes*. Située dans un lieu fort bas, elle est de qualité inférieure aux précédentes ; elle appartient à un particulier qui s'en sert pour alimenter une suite de pièces d'eau ou de fossés. Le Mémoire de 1787 annonce qu'elle produit 34 pouces fontainiers. Curieux de vérifier ce fait, que l'apparence de la source me semblait contredire, je la jaugeai avec un soin minutieux, le 5 Octobre 1825, aux canules mêmes de la fontaine, et je me convainquis que le produit étoit seulement 12 $^6/_{10}$ pouces fontainiers (1). Il est possible que le produit de 34° ait été réel après de longues pluies ou après l'hiver, puisque ces circonstances font augmenter considérablement toutes les sources ; mais ce n'est point

---

(1) Une nouvelle jauge, faite avec le même soin que la précédente, et le 15 Février 1829, a donné 10 $^{91}/_{100}$ pouces aux canules : ainsi, il y a eu diminution sensible depuis 1825 ; et si le produit de 34° énoncé dans le travail de 1787 étoit exact, alors il s'ensuivrait, *à fortiori*, que depuis long-tems cette source diminue d'une manière très-notable.

Ayant fait, le même jour, un nouveau jaugeage à l'extrémité de la suite de bassins et de fossés alimentés par la source, le produit a été de 29 $^{17}/_{100}$ pouces fontainiers ; de sorte qu'il est vraisemblable qu'une partie de la source s'écoule, par des conduits inconnus, dans la suite de fossés dont il a déjà été question.

dans cet état qu'il convient de les jauger ; c'est au contraire, et comme je l'ai fait, après de longues sécheresses, et lorsque leur produit est le moindre possible. En établissant des fontaines d'après ce dernier système, on est sûr d'avoir toujours, au moins, la quantité nécessaire d'eau ; en les établissant sur le système opposé, on est certain de voir manquer l'eau à l'époque de l'année où les chaleurs la rendent plus nécessaire.

Aux sources que je viens de citer, il faudrait, si on voulait les mentionner toutes, en ajouter une foule d'autres dont je ne parlerai point, parce qu'elles sont ou de trop mauvaise qualité, ou trop peu abondantes, ou dans une position trop basse pour pouvoir être convenablement utilisées.

ARTICLE III. — *Examen des projets d'amélioration déjà présentés.*

J'ai déjà dit que les eaux d'Arlac et celles du Tondut réunies arrivent à Bordeaux, où elles sont, de beaucoup, les meilleures dont on se serve. Depuis long-tems les choses étaient en cet état, lorsqu'en 1787, et le 23 Janvier, l'administration municipale, considérant l'insuffisance de l'eau qui approvisionnait la ville, et la mauvaise qualité de celle de la source de l'Or, constatée par les expériences de M. Vilaris, chimiste, chargea MM. Larroque, Thiac, Bonfin et Blanc, de présenter, dans un Mémoire spécial, des vues tendantes à établir dans la ville un nombre suffisant de fontaines. Ce Mémoire, qui paraît être sans antécédens pour Bordeaux, fut remis à l'administration le 7 Mai suivant, et l'impression en fut ordonnée, pour, est-il dit dans la délibération du 7 Mai, fixer l'attention générale sur un objet aussi important, provoquer de nouvelles recherches, et, s'il se pouvait, la présentation de nouveaux moyens.

Quel que soit mon désir d'être bref, je ne puis éviter d'examiner rapidement ce Mémoire et d'en discuter une partie. Le but des honorables auteurs de cet ouvrage et celui de l'administration qui l'a fait publier, a été de se rendre utiles aux habitans de Bordeaux ; le même désir m'anime, et dans un tel état de choses, je crois pouvoir présenter mes idées et discuter celles des autres, sans courir le risque de blesser aucun amour-propre, ni d'encourir aucun blâme.

Je remarquerai, d'abord, que l'ouvrage entier a été rédigé dans le cabinet, sur les notes qui se trouvaient au dépôt des papiers de la ville et que les auteurs n'ont pas vérifiées ; ces auteurs déclarent, eux-mêmes, ce fait en mille endroits du Mémoire, notamment à la page 20, au sujet du premier tableau qui présente l'énumération des sources qu'on pourrait utiliser, leurs qualités, leurs produits, leurs distances de la ville et leurs niveaux (*voy. page* 20 *du Mémoire*), et dans la dernière colonne du tableau n°. 2, où ils déclarent que toutes les bases des évaluations de ce tableau ont besoin d'être vérifiées.

Ils disent textuellement, page 52, en parlant de leur propre travail : *Nous manquons même de la connaissance détaillée des faits relatifs à la disposition du sol, aux élévations des coteaux, aux enfoncemens des vallons par lesquels devront passer les eaux que nous proposons d'amener à la ville ; nous ne pouvons donc conseiller rien de définitif ; ce que nous sommes en état de dire, dépend absolument de suppositions fondées sur l'inspection des lieux et sur*

l'idée que les apparences donnent des revenus de la ville.
Nous devons supposer des difficultés tout au plus ordinai-
res; l'inspection des lieux n'en annonce pas d'autres; nous
devons supposer des moyens suffisans pour la plus parfaite
exécution, et prévenir, cependant, que ce qui résultera de
ces suppositions souffrira autant de modifications qu'il y
aura de différence entre la réalité et l'apparence, entre des
mesures exactement prises et des mesures seulement pré-
sumées.

La précision de ce passage dispense de tout commentaire,
et ne peut laisser aucun doute sur l'incertitude complète dans
laquelle étaient les auteurs sur les bases de leur ouvrage; et il
paraît bien que cette incertitude était juste, puisque, d'abord,
le produit de 34° attribué à la source d'Artiguemale se réduit
singulièrement selon les jauges déjà citées dans ce Mémoire;
ensuite, le nivellement des sources de Mérignac (tableau
n°. 4ᵉʳ.) les place à des hauteurs moins grandes, mais fort
différentes de celles que leur assigne le rapport du 20 Juillet
1818, dressé par M. Béro, alors inspecteur de la voirie, et
dont l'exactitude dans ses opérations est assez connue. Ces di-
vergences notables mettent tout en question et motivent singulièrement les doutes énoncés dans le Mémoire de 1787.

Ainsi donc, le travail de 1787 étant entièrement basé sur
des notes que les auteurs mêmes regardaient, avec raison,
comme douteuses, et dont ils recommandaient la vérification
préalable; en outre, ces auteurs ayant partout raisonné par
supposition, il est impossible de regarder les résultats qu'ils
présentent comme positifs, mais seulement comme pouvant
être possibles, si les éventualités qui leur ont servi de fonde-
mens étaient des certitudes, ce qui est bien loin d'être, ainsi

qu'on l'a vu. Ce travail, très-propre à appeler l'attention sur
le problème, est donc absolument impropre à le résoudre, et
rien ne serait plus facile que de trouver, dans son contenu
même, une foule de preuves surabondantes et à l'appui de
cette conclusion.

Mais je veux aller plus loin, et admettre, pour un moment,
que tout ce que contient le Mémoire de 1787 est exact et
prouvé, bien qu'il n'en soit pas ainsi, comme il est facile de
s'en convaincre par ce qui précède ; que résulte-t-il de ce travail, et que proposent ses auteurs ? de conduire à Bordeaux les
sources de Mérignac et des Carmes, qui, jointes à celles d'Arlac
et du Tondut qui déjà y arrivent, produiraient, selon le Mémoire, un total de 66 pouces d'eau. D'après la manière reçue
de compter, cette quantité suffirait à une population de soixante-
six mille habitans ; mais Bordeaux en a cent vingt mille, et
il y aurait, par conséquent, insuffisance extrême, puisqu'on
satisferait à peine la moitié des premiers besoins, et qu'on
exclurait entièrement la magnificence et la grandeur qui con-
viennent si bien à une des premières et des plus riches cités de
la France.

Il est évident, d'ailleurs, que la source des Carmes diminue sensiblement, et on doit en conclure que les autres
sources voisines éprouvent le même effet, puisqu'elles sont
soumises à l'influence des mêmes causes. En effet, la source
de Mérignac a tellement diminué qu'elle n'est plus recon-
naissable, et on sait assez combien il est peu vraisemblable
qu'on puisse la remettre en son premier état, quoi qu'on fasse
pour cela.

On ne peut donc contester, d'abord, que les projets de
1787 ne présentent qu'une série de conjectures et d'éventua-

lités douteuses ; ensuite, que si ces projets avaient toute la
réalité qui leur manque, ils seraient inadmissibles, puisque le
produit, et même l'existence des sources sur lesquelles ils sont
basés, est un problème dont tout annonce que la solution serait
défavorable.

Les auteurs du Mémoire de 1787 ont encore jugé probable
qu'on pourrait amener la rivière de l'Eau Bourde à Bordeaux
(page 68). En effet, le bief supérieur du moulin de Gradignan est de 3$^{m.}$ 83$^{c.}$ plus élevé que le sol de la place Dauphine,
selon les nivellemens que l'Académie royale des sciences de
Bordeaux a fait exécuter en 1826, pour la recherche de l'aqueduc antique dont j'ai parlé dans la première partie de ce Mémoire (*voy. le rapport de l'Académie, déjà cité*) ; ainsi,
l'Eau Bourde pourrait être conduite sur la place Dauphine
en tout ou en partie. Séduit par cette idée, j'ai voulu l'ap-
profondir, et voici le résultat de mes réflexions et de mes recherches.

L'achat d'un cours d'eau quelconque, en tout ou en partie,
est toujours difficile. Pour avoir quelques idées fixes sur une
pareille dépense, il faut nécessairement,

1°. Connaître sa valeur intrinsèque ;

2°. Celle des usines qu'il faudrait acheter ;

3°. Celle de tous les usages directs ou indirects de l'eau
qu'il faudrait supprimer, tels que les arrosemens, les irrigations, les lavages, les abreuvoirs, et mille autres ;

4°. Évaluer toutes les dépréciations qui doivent résulter
pour les propriétés riveraines, de la suppression ou de la diminution d'un cours d'eau, qui ne peut qu'ajouter beaucoup à
la valeur et à l'agrément des domaines voisins.

Si l'on avait toutes ces données d'une manière certaine,

alors on pourrait avoir sur cette affaire une opinion qui, même dans ce cas, ne serait cependant qu'éventuelle.

Pour en avoir une certaine, il serait indispensable d'avoir le consentement de tous les intéressés, et pour cela d'avoir satisfait tous les intérêts, même toutes les exigences, peut-être tous les caprices, chose certainement difficile et onéreuse; et combien les difficultés n'augmenteraient-elles pas, si l'on considérait que dans le nombre des intéressés, il y aurait, sans doute, des mineurs, des absens, des communes, des récalcitrans, qui, par spéculation ou par tout autre motif, pourraient avoir des prétentions exagérées, former des coalitions, enfin, susciter mille obstacles, dont la seule issue certaine serait d'amener des dépenses, des retards et des embarras incalculables !

Il paraît au moins douteux que l'on puisse obtenir des expropriations pour cause d'utilité publique, dans une affaire qui tendrait à dépouiller des propriétaires nombreux qui jouissent de temps immémorial et sans trouble, pour vêtir un nouveau possesseur qui ne pourrait appuyer ses prétentions nouvelles que sur la convenance qu'il trouverait à acquérir une chose dont il est incontestable qu'il peut se passer; d'abord, parce qu'en effet il s'en passe; ensuite, parce qu'il peut facilement avoir, non des *équivalens*, mais *des choses meilleures*, sans déranger personne.

Des difficultés et des dépenses incalculables seraient donc la suite d'un tel projet qui ne présente rien de certain que ces difficultés et ces dépenses mêmes.

Mais si, par impossible, cette première partie de l'affaire était terminée, il faudrait encore conduire l'eau à Bordeaux. Cette nouvelle dépense ne pourrait être calculée que d'après un

projet d'art étudié ; mais elle serait sûrement fort grande et
fort augmentée par les indemnités (1) à payer aux nombreux
propriétaires dont il faudrait traverser et dégrader les terres ,
et qui ne manqueraient pas d'en appeler aux tribunaux.

L'achat d'un cours d'eau pour l'amener à Bordeaux offre
donc, sinon une impossibilité absolue, du moins des difficultés
incalculables et certaines tout-à-fait équivalentes à cette impossibilité même.

Dans tous les cas, et même en supposant toutes les difficultés vaincues, il est évident qu'il n'y aurait lieu à penser à
un pareil travail qu'autant qu'il s'agirait d'eaux parfaitement
bonnes et salubres, et non d'eaux dont l'usage serait évidemment désagréable et pernicieux : or, les eaux de l'Eau Bourde
sont et doivent être dans ce dernier cas, ainsi que je vais le
prouver.

La qualité de l'eau, toujours bonne par elle-même, est généralement altérée, soit par des sels, soit par des parties putrides.

Quand l'altération a lieu par des sels, comme dans presque
tous les puits et toutes les sources, son épuration n'est possible,
dans l'état actuel de la science, qu'au moyen de procédés chimiques dont l'application ne peut être faite sur de grandes
quantités, en raison des grandes dépenses qu'elle entraîne.

Si l'altération résulte de principes putrides, on ne connaît
d'autre moyen de la détruire que l'emploi des filtres au charbon:
il faut remarquer ici que ces principes putrides sont, comme

_____

(1) On ne pourrait, pour éviter ces indemnités, construire un aqueduc sur le
bord de la grande route où il entretiendrait une ombre , et , par suite , une humidité
qui dégraderait cette route ; en outre , une telle position l'exposerait trop aux
entreprises de la malveillance ; enfin , cette position d'un aqueduc , en nuisant aux
propriétés riveraines, donnerait encore lieu à de justes demandes d'indemnités.

l'indique leur nom, les plus nuisibles à la santé des hommes
et des animaux.

Tous les ruisseaux voisins de Bordeaux ont un cours
prolongé, pendant lequel ils se chargent des émanations putrides produites par la décomposition des corps animaux ou
végétaux qui se dissolvent, ou dans leurs propres eaux, ou
dans les marais qu'ils traversent; de là vient ce goût de *ma-
récage* dont toutes les eaux de ces ruisseaux sont imprégnées,
et qui est aussi nuisible à la santé que désagréable au goût,
puisqu'il est dû aux mêmes principes qui donnent tant de maladies aux habitans et même aux voisins des marais.

Il est évident, d'après ce qui précède, que ces eaux ne peuvent, sans danger, être appliquées à l'usage d'une ville, et
qu'il n'y a d'autre moyen de les épurer que de les filtrer au
charbon.

Si, pour les rendre saines et salubres, il suffisait de les pro-
mener long-temps à l'air, ce que rien n'autorise à croire, on
pourrait obtenir ce résultat en leur faisant suivre une longue
suite de rigoles multipliées sur un terrain peu étendu; mais,
je le répète, rien n'autorise à croire à l'efficacité de ce moyen,
qui ne peut être qu'une hypothèse dénuée de preuves comme
de vraisemblance.

Si l'on objectait que l'eau des grandes rivières est générale-
lement bonne, on répondrait que cette circonstance, dont on
ne connaît pas la cause d'une manière certaine, paraît être
due moins à la longueur de leur cours qu'au volume considérable de leurs eaux, et à leur origine qu'elles tirent presque
toujours de sources abondantes et pures, d'eau de pluie et de
fontes de neiges. La masse d'eau qui provient de ces causes
étant infiniment supérieure à celle que quelques affluens viciés

y ajoutent, ces dernières ne peuvent communiquer leurs mauvaises qualités, en quantité appréciable, à l'ensemble dont
elles ne sont qu'une petite fraction; on ne peut, d'ailleurs,
établir aucune analogie entre le cours, de quelques lieues,
d'un petit ruisseau, et celui, infiniment plus étendu, d'un grand
fleuve.

Des considérations aussi puissantes n'admettent aucun doute,
et elles démontrent l'impossibilité d'amener l'Eau Bourde
d'une manière trop incontestable pour qu'on n'abandonne pas
sans retour ce projet, aussi séduisant au premier aspect qu'il
paraît inexécutable après une étude convenablement approfondie.

En 1791, M. Lobgeois, ingénieur hydraulique, proposa
de réunir quelques sources voisines de la ville, d'en élever
82° au moyen d'une machine à vapeur, et de les distribuer
dans Bordeaux; mais il est constant, pour tous ceux qui ont
observé le régime des sources situées dans la ville ou dans ses
environs, que leurs produits ont beaucoup diminué et qu'elles
ont sensiblement perdu de leur qualité.

La diminution de volume est un fait trop constant pour
qu'il soit utile d'ajouter de nouvelles preuves à celles qui ont
déjà été fournies dans ce Mémoire.

La détérioration de la qualité, tout aussi constante que la diminution de quantité, est une suite inévitable des infiltrations
des égouts, latrines, etc., etc., et cette cause ne peut qu'augmenter sans cesse en raison de la plus grande habitation des
quartiers voisins des sources. Ainsi, il est impossible, par exemple, que les sources de Figuereau et de Lagrange, déjà d'une
qualité fort inférieure, ne deviennent plus mauvaises encore,
parce que le quartier dans lequel elles existent voit augmenter

tous les jours le nombre des habitations, et par conséquent celui des causes d'infection de ces sources, d'autant plus altérables qu'elles ne sont qu'à quelques pieds sous terre.

On sent assez que de telles eaux ne peuvent être proposées pour l'approvisionnement de notre ville, et parce qu'elle peut, d'ailleurs, s'en procurer d'excellente, et parce que les sciences d'analyse sont parvenues à un point où l'on ne peut ni confondre la bonne eau avec la mauvaise, ni prétendre qu'on peut, sans les plus graves inconvéniens, faire usage d'une eau fortement imprégnée de substances pernicieuses ou de sels calcaires qui s'opposent à la coction des alimens, à la digestion, et qui deviennent trop souvent la cause de maladies funestes. On sait assez que c'est à l'usage de mauvaises eaux qu'on attribue, au moins en grande partie, les maladies habituelles qui appauvrissent et déciment certaines populations, comme celles des Landes, du Médoc, etc.

Je ne parlerai pas des autres sources ou puits de l'intérieur de la ville; il est assez notoire qu'ils sont d'une qualité tellement mauvaise, qu'on ne peut, sans inconvénient, s'en servir pour autre chose que pour des lavages : les sources de Dublan, Rivière ou Sallebert, sont d'une qualité analogue, ainsi que le prouve leur analyse chimique et que le reconnaît le Mémoire de 1787.

Il seroit inutile d'insister plus long-tems sur ces considérations, qui prouvent assez que le projet dont il s'agit ne réunissait pas les conditions désirables; on ne s'occupa point de son exécution, qui, d'ailleurs, avait encore contr'elle l'éventualité des sources.

Enfin, il y a environ dix ans, M. Thiac, mon prédécesseur, dressa, pour la conduite des eaux du Tondut et d'Arti-

guemale, un projet d'exécution mûri avec soin et détaillé avec
la précision que l'on devait attendre de son talent et de sa
longue expérience. Ce projet tendait à construire une nouvelle
conduite en poteries, pour les eaux d'Arlac et des sources
voisines, que l'on aurait ainsi conduites, non sur la place
Dauphine, mais au Fort du Hâ et aux lieux moins élevés.
L'ancienne conduite, commune aux eaux d'Arlac et à celles
du Tondut, aurait été réservée à ces dernières, auxquelles on
aurait joint une partie de celles d'Artiguemale.

Ce projet, combiné avec soin par un homme qui, dès long-
tems, avait fait ses preuves de capacité pour ce genre de
travaux, aurait sans doute atteint le but de son auteur, qui
ne voulait qu'augmenter le nombre des fontaines existantes ;
mais il ne pouvait aller plus loin, ni approvisionner la ville
entière : il ne tendait qu'à l'amélioration des choses existantes,
et non à la création d'un système complet et nouveau. On
exécuta 500ᵐ de conduites et quatre regards, puis les choses en
demeurèrent là, et déjà la portion de conduite exécutée a
éprouvé des dégradations qui rendraient sa mise en bon état
difficile et coûteuse.

Tels sont les divers projets tendans à trouver les moyens
d'approvisionner la ville d'eau : il est assez évident qu'aucun
n'a atteint le but, et que cette question, proposée pendant
plusieurs années pour sujet de prix par l'Académie royale des
sciences de Bordeaux et par la Société de médecine, reste
encore à résoudre.

CHAPITRE III.

NOUVEAU PROJET.

Dans les chapitres précédens, j'ai établi, par des motifs que je crois concluans et auxquels il m'aurait été facile d'en ajouter beaucoup d'autres, si je n'avais cru la chose surabondante, j'ai établi, dis-je, qu'aucun des projets proposés jusqu'à ce jour ne donnait les moyens d'approvisionner la ville d'une quantité suffisante de la meilleure eau possible; et en effet, aucun de ces projets ne pouvait le faire, parce que tous employaient les eaux de sources, et qu'il est notoire, d'après ces projets mêmes, qu'il n'existe ni dans la ville ni dans ses environs une quantité de bonne eau de source suffisante pour cet emploi. Croyant cette route mauvaise, j'ai pensé qu'on ne pouvait que s'égarer en la suivant, et je l'ai quittée dès le premier pas : mais pour arriver, il fallait en prendre une autre. Or, les sources étant abandonnées, il n'existe qu'un seul moyen qui se présente de lui-même, mais hérissé de difficultés jugées jusqu'à présent invincibles : c'est de filtrer les eaux de la Garonne, dont l'excellente qualité et l'abondance ne sont pas douteuses. A ce sujet, la Société de médecine de Bordeaux s'exprime ainsi, page 125 de son *Tableau des améliorations dont la ville de Bordeaux est susceptible, relativement à la salubrité : La Garonne, qui forme le beau port de Bordeaux, fournirait avec surabondance à tous ses besoins, si ses eaux n'étaient altérées par les terres alumineuses et calcaires qui les rendent opaques, et par les substances végétales et animales qu'elles tiennent en dissolution.*

Cette filtration des eaux de la Garonne est pratiquée dans quelques ménages, au moyen de pierres poreuses qu'on leur fait traverser et d'où elles sortent assez claires, mais goutte à goutte, et avec une extrême lenteur. Une autre méthode fut essayée il y a quelques années par M. Alexandre, qui tenta, mais en vain, de les épurer plus en grand, au moyen de leur ascension capillaire dans des toiles de coton. Il suffirait d'un repos de quelques jours pour obtenir, dans presque tous les cas, les mêmes résultats que produisent ces deux procédés qui peuvent, tout au plus, *clarifier* l'eau, c'est-à-dire, la séparer des parties terreuses qui la rendent trouble, mais non la débarrasser des parties animales et végétales qu'elle tient en dissolution, et qui lui sont apportées avec tant d'abondance, entr'autres par les nombreux égouts de la ville. Les procédés dont il s'agit n'agissent que *mécaniquement*, et il est bien reconnu qu'une action *chimique* peut, seule, épurer l'eau et lui enlever les principes putrides qui la corrompent. Donc, *si, au moyen de filtres qui agiraient à la fois MÉCANIQUEMENT et CHIMIQUEMENT, on pouvait filtrer une quantité d'eau de la Garonne, suffisante à tous les besoins de la ville, et la répartir dans les lieux convenables*, le problème serait résolu de la manière la plus satisfaisante et la plus complète qu'on puisse imaginer. Tels sont, il me semble, les termes dans lesquels il convient d'énoncer ce problème : je crois pouvoir en présenter la solution entière, et je consacrerai le reste de ce Mémoire à détailler les moyens que je propose pour atteindre ce but et à prouver leur efficacité.

La filtration, en petite quantité, des eaux de la Garonne n'est point un problème ; on l'opère tous les jours au moyen de filtres au charbon, sur lesquels on verse l'eau après l'avoir

laissé reposer pendant le temps nécessaire pour que les parties
terreuses les plus grossières se soient précipitées, et l'on ob-
tient, ainsi, une eau de la plus parfaite transparence et d'une
pureté si grande qu'elle diffère à peine de l'eau distillée. Ce
fait est tellement notoire, et il est d'ailleurs si facile à vérifier,
qu'il serait superflu d'insister pour prouver son exactitude. Le
moyen étant connu, il ne reste donc qu'à l'appliquer avec
l'extension convenable.

Une application de ce genre n'est pas sans exemple; il en
existe à Paris, notamment sur le quai des Célestins, où les
eaux de la Seine sont filtrées et livrées à la consommation
avec un succès non contesté. Pendant le séjour que je fis
dans la capitale à la fin de 1826, je visitai plusieurs fois cet
établissement, et je vais en donner une idée sommaire.

Une pompe, mue par quatre chevaux, aspire l'eau de la
Seine et la conduit dans des cuves en bois, où elle repose pendant quelques heures pour laisser opérer la précipitation du
plus gros limon; puis une seconde pompe, mue par le même
manége, porte cette eau reposée sur des filtres en bois doublés
en plomb, d'où elle sort parfaitement limpide pour être distribuée dans la ville au moyen de tonnes. Cet établissement a
été créé par des spéculateurs pour lesquels il est devenu extrêmement lucratif; mais les moyens employés pour les dispositions générales, ne peuvent convenir qu'à des entrepreneurs
dont le but est de s'assurer le plus de bénéfices avec le moins
de frais possibles, et non à une grande ville qui veut créer
pour elle-même un établissement en harmonie avec ses besoins, son importance et sa richesse.

Avec les données générales que je viens d'exposer, je recueillis une foule de renseignemens de détails propres à me

fixer sur toutes les parties d'une entreprise de ce genre; néanmoins, et dans les vues d'asseoir mon travail sur des bases certaines et à l'abri de tout doute, je m'environnai de renseignemens authentiques obtenus de M. le Préfet du département de la Seine, et desquels je vais extraire ceux qui sont utiles ici.

1°. Le temps de repos de l'eau varie de 4 jusqu'à 12 heures, selon le plus ou moins de limon dont elle est chargée.

2°. Les filtres se composent de couches superposées de gravier, de sable et de charbon.

3°. Un filtre d'un mètre carré de surface produit $8^{m. cb.}$ d'eau par 24 heures, en comptant $\frac{1}{4}$ de surface, en outre de celle qui fonctionne, pour les changemens de filtres : donc, en 18 heures, 1^m. de filtre produit $6^{m. cb.}$ d'eau.

4°. Les employés de l'établissement du quai des Célestins sont ceux ci-dessous détaillés :

Un contre-maître ;

Dix manœuvres pour changer les filtres ;

Deux garçons de manége.

Ces élémens posés, je passe à la description de mon projet qui se compose, en outre de ce Mémoire, de huit dessins et d'un devis divisé en trois sections.

J'ai supposé que le château d'eau et ses bassins seraient placés, ou dans l'emplacement actuel du chantier royal, s'il était possible, ou dans le chantier de construction confrontant de l'est à la Garonne, du nord à la *cale* Sainte-Croix, de l'ouest au quai Sainte-Croix, et du sud à la *cale* où se trouve l'embouchure du ruisseau de Bègles. Ce dernier emplacement est la propriété de la ville, et il convient parfaitement pour cette destination.

Par des moyens que je détaillerai bientôt, on introduira l'eau de la Garonne dans les bassins qui seront placés sur ses bords mêmes, attenans au château d'eau, et séparés entr'eux par une digue de 13^m d'épaisseur, composée d'un terrain argileux qui, par sa nature, s'opposerait absolument à toute filtration. (*Voy. les dessins* n°s. 1er. *et* 2).

La profondeur totale des bassins n'a pu être déterminée avec une précision mathématique, puisque le terrain sur lequel on les établira n'est pas encore désigné d'une manière certaine ; mais en se servant d'un des deux emplacemens que j'ai désignés, cette profondeur sera environ de 5^m; la surface moyenne de chaque bassin sera de 1558,12$^{m. c.}$

D'après l'ancienne manière de compter, on entend par *pouce fontainier, la quantité d'eau qui s'écoule par un trou rond, d'un pouce de diamètre, percé dans la paroi très-mince d'une cuvette, dans laquelle on maintient le niveau de l'eau à une ligne, environ, au-dessus des trous.*

Ainsi, la quantité d'eau fournie par un *pouce fontainier* est relative au temps pendant lequel a lieu l'écoulement, que l'on suppose toujours non interrompu.

Voici les quantités d'eau fournies par un pouce fontainier pendant divers espaces de temps :

	kil. c.	m. cb. mill.
Dans une minute, 28 livres, ou	13,71 ou	0,013.
1 heure......................	822,60 ou	0,822.
6 heures.....................	4935,60 ou	4,935.
12 heures....................	9871,20 ou	9,871.
18 heures....................	14806,80 ou	14,806.
24 heures....................	19742,40 ou	19,742.

Ainsi, un pouce d'eau, coulant pendant 24 heures

4

consécutives, produira $19^{m. cb.} 742^c$ d'eau. La seule partie utilisée de cette eau, est celle que les habitans vont recueillir dans des vases qu'ils placent sous le jet des fontaines; tout le reste s'écoule et se perd sur le pavé sans emploi utile.

Pour la nuit, pendant laquelle personne ne va prendre d'eau aux fontaines, cette perte est de la moitié du tout, en supposant les nuits de 12 heures, terme moyen; et afin d'éviter cette perte inutile et onéreuse, je propose de ne faire couler les fontaines que pendant les 12 heures de jour, seul tems où leur produit soit utilisé. Si l'on objectait que, pendant l'été, on a des jours de plus de 12 heures, on répondrait que la quantité d'eau étant calculée pour un *écoulement continuel* de 12 heures consécutives, l'usage des repoussoirs, en empêchant l'eau de se répandre inutilement sur le pavé, ferait obtenir une économie au moins du tiers, et qu'ainsi on pourrait, pendant 16 heures et en toute saison, prendre aux fontaines *toute l'eau nécessaire*.

Il résulte évidemment de ce qui précède, qu'au moyen du système proposé, on économise *la moitié de l'eau*; c'est-à-dire, qu'avec 100 pouces, par exemple, on obtiendra le même *résultat utile* pour lequel il aurait fallu 200 pouces par la méthode de l'écoulement continu.

D'après un calcul généralement adopté, consacré par la plus longue expérience et que personne n'a encore contesté, il faut un pouce d'eau pour tous les besoins de 1000 personnes (1).

---

(1) Il est évident qu'il s'agit ici d'un résultat moyen, car cette quantité (près de 10 litres, 13 bouteilles par personne et par jour) peut ne pas suffire aux gens aisés, pendant qu'elle est plus que suffisante pour la classe pauvre et de beaucoup la plus nombreuse.

Ainsi, en supposant la population de Bordeaux de 120,000 ames, ce qui est au-dessus de la réalité, il faudrait se procurer 120 pouces d'eau pour tous les besoins des habitans ; mais il y en arrive déjà 20, reste donc à en avoir 100 pour complément. Or, nous avons vu tout à l'heure qu'un pouce produisait en 12 heures 9$^{m.}$ 87$^{c.}$: donc, c'est 987$^{m.\ cb.}$ qu'il faut encore se procurer. Il faut bien remarquer ici qu'en outre de cette quantité, jugée suffisante à *tous les besoins*, on aurait encore les eaux de puits et de sources de qualité inférieure situés dans la ville, pour les lavages.

En se rappelant la distinction établie plus haut entre l'eau *utilisée* et l'eau *perdue*, il est facile de conclure que si l'on amenait à Bordeaux plus de 987$^{m.\ cb.}$ par jour, le surplus ne pourrait être utilisé que pour les lavages et autres usages domestiques pour lesquels l'eau de puits, qui ne manque nulle part, peut suffire, et à laquelle il serait évidemment abusif de substituer une autre eau de meilleure qualité, et qu'on n'obtiendrait qu'avec de bien plus grands frais.

(1) On introduira une hauteur d'eau de 2$^{m.}$ 50$^{c.}$ dans chaque bassin, dont le fond, dallé avec soin et en talus pour réunir la vase et faciliter son écoulement, sera au-dessus du niveau qu'atteignent les basses marées dans leur plus grande élévation.

Puisque la surface moyenne de chaque bassin est de 1558,12$^{m.\ cb.}$, une hauteur d'eau de 0$^{m.}$ 65$^{c.}$ donnera, dans chacun, un cube de 1012,77$^{m.\ cb.}$, excédant de 25,65$^{m.\ cb.}$

---

(1) Ce qui suit, jusqu'à ces mots, *qui me paraît évidemment inférieur à celui que je viens de détailler*, a été substitué à l'exposé d'autres moyens que j'avais proposés pour le même objet, et auxquels j'ai renoncé pour adopter celui que je présente.

la quantité à fournir pour la consommation d'un jour. Ainsi, en prenant dans un seul bassin l'approvisionnement de trois jours, on fera baisser l'eau de 1^m 95^c, et il restera au fond 0^m 55^c de hauteur d'eau, qui sera exclusivement employée au lavage et au dévasement des bassins. Ces opérations seront facilement exécutées par une machine ou par quelques manœuvres qui agiteront l'eau et la feront, ensuite, écouler par la pente du fond des bassins. Il est donc évident qu'en se servant alternativement des deux bassins, leur eau, avant d'être portée sur les filtres, aura toujours de trois à six jours de repos, espaces de tems dont le moindre est plus que suffisant pour la mettre en état d'être convenablement filtrée.

Il convient, maintenant, de reconnaître par quels moyens on pourra, à toute époque de l'année, faire entrer dans les bassins de calme les 2^m 50^c de hauteur d'eau de la Garonne dont je viens d'établir la suffisance, et par suite, de fixer le niveau du fond de ces bassins. Pour y parvenir, il était indispensable d'avoir une longue série d'observations journalières et rigoureuses, qui fissent connaître exactement le régime de la rivière devant Bordeaux. Ce document précieux, qui me manquait, vient de m'être fourni par M. Billaudel, ingénieur des ponts et chaussées, attaché à la construction du pont de Bordeaux. Cet ingénieur distingué a bien voulu me communiquer les observations garonimétriques faites journalièrement et pendant cinq années dans les chantiers du pont, et grâces à ces observations, dont l'origine atteste assez l'exactitude, j'ai pu traiter d'une manière complète cette partie importante de mon travail.

J'observe, d'abord, que les hauteurs d'eau indiquées dans les observations dont il s'agit, et qui ont été faites pendant les années 1818, 1820, 1821, 1822 et 1823, sont cotées au-

dessus du niveau des plus basses eaux connues, et qui est inférieur de 14^m 5^c au-dessus du dallage du péristyle du Grand
Théâtre. Cette base établie, voici les résultats utiles à l'objet
dont il s'agit, et que j'extrais du dépouillement général des
observations garonimétriques.

Plus grande hauteur de la basse marée (12 Mars
1825)... 3^m 20^c

Plus petite hauteur de la haute marée (les 16 Octobre 1820 et 17 Mars 1822)......................... 3 $\qquad$ ″

Plus grande hauteur de la haute marée (le 28 Février 1825)... 6 $\quad$ 30

Le fond des bassins sera établi à 0^m 15^c, mesurés à l'extrémité de leur pente, au-dessus de la plus grande élévation
des basses marées, de sorte qu'en tout tems on pourra faire
écouler dans la rivière toute l'eau du fond de ces bassins dans
laquelle la vase aura été mise en suspension par les moyens
déjà indiqués.

La pente totale des bassins étant de 0^m 30^c, et l'élévation
de leur sol, au point le plus bas, étant à 0^m 15^c au-dessus
du niveau des plus fortes basses marées, le point milieu de
cette pente sera à 0^m 30^c au-dessus du niveau des plus fortes
basses marées, c'est-à-dire, à 3^m 50^c au-dessus des plus
basses eaux connues. Ainsi, pour avoir 2^m 50^c d'eau au-
dessus de ce point moyen, il faudrait que la haute marée s'é-
levât à 6 mètres. L'examen des observations garonimétriques
prouve qu'elle n'a atteint cette hauteur que fort rarement et
d'une manière trop exceptionnelle pour être prise en considération. Donc, l'ascension de la marée ne suffira point pour faire
entrer la quantité d'eau nécessaire dans les bassins tels que je
les indique.

On trouve dans les mêmes observations, et en ayant soin de remplir, par analogie, quelques lacunes qui y existent, que l'eau s'est élevée à 4^m 75^c, c'est-à-dire, à 1^m 25^c au-dessus du sol moyen des bassins, 608 fois en cinq ans (128 fois en 1818, 140 fois en 1820, 103 fois en 1821, 91 fois en 1822, et 146 fois en 1823), c'est-à-dire, pendant le tiers du tems; mais en tenant compte, d'une part, de ce que la marée a souvent dépassé cette cote de 4^m 50^c, et, d'une autre part, de ce que, beaucoup plus souvent encore, elle en a approché sans l'atteindre, on peut en conclure que pendant la moitié du tems, la marée fera entrer dans les bassins de calme, au moins, la moitié de l'eau nécessaire, ou, en d'autres mots, qu'on obtiendra par ce moyen, au moins, le quart de l'approvision-nement, et cet avantage me paraît trop notable pour être négligé, puisque d'ailleurs il n'est compensé par aucun incon-vénient.

Reste à se procurer les trois autres quarts de l'eau nécessaire, et la chose s'opérera facilement au moyen de simples pompes aspirantes, des dimensions convenables pour fournir, au besoin, toute l'eau nécessaire. Ces pompes seront placées dans l'inté-rieur du château d'eau et mues par la machine à vapeur dont je parlerai bientôt; leurs tuyaux d'aspiration se prolongeront jusque dans la rivière même, et l'expérience de ce système, suivi depuis long-tems pour l'approvisionnement des bains des Quinconces, prouve assez son efficacité et l'absence de tout inconvénient notable.

Par les moyens qui viennent d'être décrits, on assurera donc, dans tous les tems et dans tous les cas, l'approvisionnement de la ville.

On pourrait adopter un autre parti, et construire les bassins

de calme à une profondeur telle que les eaux de la Garonne y
entrassent toujours en quantité suffisante par la seule élévation des marées ; mais alors le dévasement de ces bassins ne
pourrait s'opérer que par des moyens moins simples, et, par
conséquent, plus coûteux que celui que j'ai indiqué ; ce grave
inconvénient joint à d'autres, dont je crois le détail superflu,
m'a fait renoncer à ce système, qui me paraît évidemment inférieur à celui que je viens de détailler.

Les moyens de dévasement que j'ai proposés sont suffisans,
sans doute ; mais je crois, néanmoins, devoir en indiquer un
autre surabondant, et qui est employé avec un plein succès
pour dévaser le nouveau dock de la ville de Hull, sur les bords
du Humber, dont les eaux charient une énorme quantité de
vases. (*Voyage de Ch. Dupin, Force commerciale*, tom. 2,
page 78).

Ce moyen consiste en quatre tuyaux en fer de fonte de
$0^m. 33^c.$ de diamètre intérieur, placés à travers la digue et au
niveau du fond des bassins avec chacun desquels ils communi-
quent par leurs extrémités ; chaque bout de ces tuyaux sera garni
d'un clapet que l'on pourra ouvrir à volonté ; en voici l'usage :
Lorsqu'on voudra dévaser un des bassins, on en laissera écouler
toute l'eau, et l'on gardera l'autre bassin plein : les choses étant
ainsi disposées, on ouvrira les soupapes, et l'eau, se précipi-
tant avec violence par les tuyaux, du bassin plein dans le bassin
vide, formera dans ce dernier quatre courans violens qui en
opéreront le dévasement le plus complet d'une manière presque instantanée. Ce mode de dévasement est trop énergique
et trop évident pour avoir besom de démonstration ; d'ailleurs,
il est sanctionné par l'expérience, et ce fait seul répond à toutes
les objections. Mais pendant les opérations du dévasement,

toutes les fontaines alimentées par les bassins cesseraient de
donner de l'eau, et cet inconvénient est grave. On peut y répondre, d'abord, qu'il est vraisemblable qu'on n'aurait jamais
besoin d'employer ce mode de dévasement, parce que celui
d'entretien, précédemment indiqué, suffirait sans aucun
doute ; ensuite, qu'alors même que l'interruption aurait lieu,
on aurait encore pour ressource l'état actuel des choses, dont
l'expérience prouve assez qu'on peut à la rigueur se contenter,
et qui, malgré l'habitude du mieux, serait encore supportable,
parce qu'il durerait peu.

L'eau reposée serait toujours prise à la surface du bassin de
service par une forte pompe mue par une machine (1) à vapeur à basse pression, d'après le système de Watt, suffisamment décrite dans le 1er. chapitre de la 2e. section du devis,
et qui la conduirait dans un des deux bassins supérieurs de la
tour du château d'eau (voy. les dessins nos. 5, 6 et 7); de
ce bassin elle se répartirait sur les filtres qui occupent les deux
étages des ailes, et dont je vais détailler les dimensions, la
construction et la composition. Ces filtres, semblables à ceux
du quai des Célestins quant à la composition et aux dimensions, donneront, par conséquent, des résultats proportionnels : or, les deux étages de filtres (voy. le dessin n°. 4)
offrent une surface filtrante de 201,60$^{m. c.}$ divisée en compartimens d'un mètre carré. Nous avons vu précédemment
qu'un mètre carré de filtres produisait net 6$^{m. cb.}$ d'eau en
dix-huit heures : donc, dans le même temps, 201$^{m.}$ 60$^{c.}$ carrés

(1) Il serait sans doute convenable d'établir deux machines au lieu d'une, afin de
prévenir toute interruption de service dans les cas, extrêmement rares d'ailleurs,
où l'une de ces machines se dérangerait.

de filtres produiront ensemble et net 1209,60$^{m.\ cb.}$ d'eau, c'est-
à-dire, 222,48$^{m.\ cb.}$ de plus que les 987,12$^{m.\ cb.}$ nécessaires pour
compléter la quantité assignée à la consommation d'un jour.
Au fur et à mesure de sa filtration, l'eau se réunira dans les
citernes détaillées par le plan n°. 2; de là elle sera aspirée par
une seconde pompe, mue par la même machine à vapeur que
la précédente, et conduite dans le second bassin du sommet
de la tour, d'où elle se répartira, au moyen des conduites
dont il sera parlé plus tard, aux divers points de distribution
répandus dans la ville. (*Voy. le dessin* n°. 8) (1).

_____

(1) Ce dessin n°. 8 est le plan de la ville entière sur lequel j'ai indiqué tous les
points de distribution de l'eau filtrée; il n'a pas été gravé, comme mes autres
dessins, à la suite de mon travail, et j'y supplée par la désignation, ci-dessous,
de tous les lieux où l'eau filtrée jaillira.

Quai Sainte-Croix, vis-à-vis l'angle de la rue du Port.
Ancienne place de la Monnaie.
Abattoir, sur l'emplacement du Fort-Louis actuel.
Place des Capucins.
Chemin de Toulouse, vis-à-vis l'angle de l'ancien chemin de Bègles.
Place d'Aquitaine.
Angle du chemin de Bayonne et de la rue Saint-Nicolas de Grave.
Angle du cours d'Aquitaine et de la rue Berri.
Angle des rues Maucaillou, Ducasse et des Menuts.
Quai Sainte-Croix, près la fontaine de l'Or actuelle.
Quai de la Grave, près la fontaine du même nom.
Place Bourgogne.
Rue Rousselle, vis-à-vis celle du Puits Descazeaux.
Même rue, à l'angle de celle de la Chapelle Saint-Jean.
Place de l'ancien Marché.
Fossés Saint-Éloi, vers le milieu.
Hôtel de la Mairie.
Angle des rues du Mirail, Augustine et des Augustins.
Rue Bouhaut, vis-à-vis celle Labirat.
Fossés des Tanneurs, vers le milieu.

Les filtres devant fonctionner pendant 18 heures, et les fontaines ne devant couler que pendant 12, il résulte qu'il

---

Place d'Armes.

Cours d'Albret, vis-à-vis la rue Mouneyra.

Même cours, vis-à-vis la rue Couturier.

Place Saint-André.

Rue du Pas Saint-George, vis-à-vis l'impasse du même nom.

Quai de Bourgogne, vis-à-vis la rue de la Porte du Caillau.

Quai de la Douane, vis-à-vis l'hôtel.

Place du Chapeau-Rouge.

Place du Marché-Royal.

Hôtel de la Préfecture.

Place de la Comédie.

Rue Sainte-Catherine, vis-à-vis celle de la Petite Intendance.

Fossés de l'Intendance, vis-à-vis la rue des Carmélites.

Place des Grands-Hommes.

Place Dauphine.

Allées d'Amour.

Place de la Concorde.

Rue du Palais Galien, à l'angle de la rue Huguerie.

Place Tourny.

Centre de l'hémicycle des terrains du Château-Trompette.

Centre de la terrasse des Quinconces.

Quai du Château-Trompette, vis-à-vis l'escalier central de la terrasse.

Place Fondaudège.

Chemin du Médoc, vis-à-vis la rue de la Trésorerie.

Place Franklin.

Chemin du Médoc, vis-à-vis la rue Sainte-Catherine de Sienne.

Extrémité de l'allée des Noyers, près la porte ouest du Jardin-Public.

Centre du Jardin-Public.

Angle du pavé des Chartrons et du cours du Jardin-Public.

Place Michel.

Cours du Jardin-Public, vis-à-vis la rue de la Course.

Quai des Chartrons, vis-à-vis le n°. 30.

Même quai, vis-à-vis la rue Borie.

Angle des cours Saint-André, Saint-Louis et du chemin du Roi.

Quai des Chartrons, vis-à-vis le n°. 105.

Même quai, vis-à-vis la rue Lombard.

est nécessaire d'avoir un réservoir capable de contenir l'eau
filtrée pendant 6 heures ; les vastes citernes indiquées par le
plan n°. 2 serviront à cet usage.

Les filtres du quai des Célestins sont construits en bois
doublé de plomb, et ils reposent sur des planchers ; cette construction économique et peu durable ne pouvait convenir ici ;
aussi les filtres que je propose seront-ils construits en pierre
dure et posés sur des voûtes dallées en pierre de même espèce.

Les filtres du quai des Célestins sont composés de couches
superposées de gravier, de sable et de charbon ; il en sera
exactement de même pour ceux du projet dont il s'agit, et l'on
sent combien le voisinage de la Garonne facilitera l'arrivage de
ces matières. Des expériences réitérées m'ont prouvé que le
sable du banc situé dans la rivière, vis-à-vis les bassins mêmes,
peut servir à composer des filtres excellens, et il sera facile
de trouver, au même lieu, une quantité de gravier plus que
suffisante. On se procurera donc ces matières avec une facilité
et une économie extrêmes ; quant au charbon, il n'est personne qui ne sache combien il est aisé et peu coûteux de s'en
pourvoir.

Je viens de décrire tout ce qui est relatif à l'approvisionnement, au repos et à la filtration de l'eau ; je vais maintenant
considérer les bâtimens destinés à cet usage sous leur point de
vue monumental.

J'ai cherché à donner au château d'eau l'aspect simple et sévère
qui me semble convenir à sa destination, et si je ne l'ai point
orné de cascades, de jets d'eau et d'autres décorations du
même genre, c'est parce que sa position, à l'extrémité la plus
éloignée de la ville, le met hors de vue et aurait rendu ces
ornemens tout à fait sans objet, de sorte que rien n'aurait

motivé la dépense considérable d'eau et d'argent qu'ils auraient entraînée.

Je m'en suis donc exclusivement tenu à l'utile, et j'ai négligé tout le reste. J'ai combiné les distributions de la manière la plus convenable au service de l'établissement, et je n'ai pas indiqué de logemens, parce que j'ai pensé qu'il en faudrait bien peu pour un gardien et quelques hommes de peine, seules personnes qu'il soit utile de loger dans le château d'eau : on pourrait les placer dans les étages supérieurs, et il ne faudrait pour cela que quelques distributions dont la faible dépense serait facilement prélevée sur les fortes sommes *à valoir* que j'ai portées dans chaque section du devis.

J'ai donné beaucoup de soins à assurer la solidité des cons-tructions, qui seraient situées sur un sol bas, alluvionnaire et de la plus mauvaise espèce. Je n'insisterai pas sur ce point, sur lequel les divers articles de la 1re. section du devis donnent tous les détails désirables, et qu'il serait inutile de répéter ici.

L'usage des machines à vapeur est trop généralement ré-pandu, et les services qu'elles rendent sont trop bien appré-ciés, pour que je cherche à justifier l'emploi de ce moyen ; je le propose, au contraire, avec d'autant plus de confiance que je juge les circonstances extrêmement favorables, en raison des immenses tourbières de Montferrant, dont l'exploitation ne peut manquer de s'accroître rapidement, de faire faire d'autres dé-couvertes du même genre, et d'amener ainsi de grandes éco-nomies dans l'usage des machines qui ont le feu pour moteur.

Si l'on objectait que l'entretien des machines et le dévase-ment des bassins exigeront des soins continuels et une sur-veillance à la fois attentive et éclairée, je répondrais qu'il en est de même pour tous les nombreux établissemens où les ma-

chines sont employées, comme les fabriques où l'on confec-
tionne les tissus les plus déliés, les bateaux à vapeur sur lesquels on franchit les mers, et mille autres qui prospèrent
néanmoins. Quant au renouvellement des filtres, j'observerais
qu'il serait moins fréquent dans mon système qu'il ne l'est dans
l'établissement du quai des Célestins, à Paris, et que, cependant, ce dernier a enrichi les spéculateurs qui l'ont créé. Il
serait facile de tirer de ces exemples des conclusions favorables
à ce que je propose.

D'après mes notes particulières, l'établissement des Célestins peut produire par 18 heures prises pour un jour, jusqu'à
550 tonnes de 62 voies chacune, et produisant ensemble
520,80$^{m. cb.}$: pour ce produit, la dépense journalière est,
comme je l'ai établi précédemment, d'une journée de chef et de
12 journées d'ouvriers, qui peuvent former un total de 30 fr.
environ. En calculant par analogie, on aura, pour l'établissement que je propose, une dépense journalière d'environ 57 fr.
69 cent. ; mais si l'on tient compte des immenses facilités que
donnera la machine à vapeur pour le service des filtres, si l'on
considère, en outre, que les frais journaliers d'un travail de cette
nature sont loin d'augmenter dans le rapport des produits, on
ne pourra se refuser à trouver suffisante l'évaluation de 45 fr.
pour cette dépense. . . . .   45^f $_{''}$^{c}

600 bûches en bois de pin pour le service de la
machine pendant 18 heures, dépense qui sera certainement fort réduite par l'emploi de la tourbe. . . .   90 $_{''}$

Entretien de la machine et des bâtimens. . . . .   7 $_{''}$

Sable, charbon et gravier.   8 $_{''}$

TOTAL des dépenses journalières. . . . .   150^f $_{''}$^{c}

Les devis, calculés partout d'une manière fort large, afin de prévoir les cas imprévus, portent la dépense des bâtimens à. 556 723ᶠ 24ᶜ

Il suffit, pour le moment, d'avoir précisé ces deux sommes; je les rappellerai plus tard pour la formation d'un total général.

Les conduites seront en tuyaux de fer de fonte de différentes dimensions, et leur développement total sera de plus de 16000ᵐ; des tuyaux compensateurs, des évens et des regards propres à faciliter les baguettages, seront établis aux distances convenables, et, en cas d'incendies, des robinets donneront la facilité de porter, sur le champ, un volume considérable d'eau sur un point quelconque des conduites; enfin, un grand nombre de nouvelles fontaines répandra partout l'eau avec profusion. (*Voy. le dessin* n°. 8) (1).

J'indique sommairement ces travaux, dont le détail est l'objet des 2ᵉ. et 3ᵉ. chapitres de la 2ᵉ. section du devis, et dont la dépense totale sera, en y comprenant la machine à vapeur, de..................................... 843 687ᶠ 64ᶜ

Je ne joins ici ni les projets partiels de toutes les fontaines à construire, ni les nivellemens de toutes les lignes des tuyaux, ni les immenses détails qu'entraîneraient les ouvrages de ce genre; ce nouveau travail, d'une extrême étendue, ne sera utile qu'après l'adoption de l'ensemble du projet, et il serait maintenant au moins prématuré.

Je me bornerai à une seule mesure, qui suffira pour faire

---

(1) Voyez la note au bas de la page 33 de ce Mémoire.

apprécier toutes celles de même espèce : La hauteur du château d'eau est telle, que l'eau amenée par les conduites s'élèvera sur la place Dauphine, qui est de beaucoup le point le
plus élevé de la ville, à 8 ou 9^m au-dessus du sol; de sorte
que toutes les maisons de la ville, sans exception, pourront
avoir des prises d'eau, au moins, jusqu'à leur deuxième étage,
et, dans le plus grand nombre de cas, jusqu'à leurs greniers.

Au moyen de cette élévation, on pourra donner l'importance convenable aux eaux jaillissantes qui décoreront et la place
Dauphine et quelques autres points principaux, avant d'aller
dans les fontaines inférieures servir à l'usage des habitans.

Le total des dépenses d'établissement étant de 1 380 410^f 88^c
et le nombre utile de pouces d'eau de 100, les
dépenses d'établissement seront par pouce d'eau
de.. 13 804 10

Voilà les seules dépenses pour lesquelles il faille émettre un
capital; quant aux dépenses d'entretien, il est évident qu'on
ne peut les déduire de quelques expériences faites en petit par
des agens inexpérimentés, dans un local et avec des moyens
d'exécution sans analogie avec ceux que je propose. Il est indispensable, pour atteindre ce but avec une exactitude convenable, d'avoir une longue expérience d'un grand établissement
situé à Bordeaux même; or, cela est impossible à présent,
puisqu'il n'existe, ni à Bordeaux ni ailleurs, d'établissement
du genre et de l'importance de celui dont il s'agit. Dans l'état
actuel des choses, les frais d'entretien ne peuvent donc être
estimés avec exactitude, puisqu'on manque de bases certaines,
et le seul moyen de les évaluer approximativement, est de
prendre comme je l'ai fait, pour point de départ, l'établisse-

ment du quai des Célestins, qui me paraît le plus analogue possible à celui dont je propose l'exécution.

Les calculs que j'ai présentés pour ces dépenses ne sont donc et ne peuvent être qu'hypothétiques, et propres seulement à donner une idée éventuelle des dépenses d'entretien, qui, selon eux, s'élèverait annuellement à........................ 54 750ᶠ

Il me paraît évident qu'on ne peut capitaliser cette somme, puisque le capital n'en sera jamais émis, et que la ville se trouvera exactement dans la position, non d'un *capitaliste*, mais bien dans celle d'un *rentier*. En effet, cette somme serait prélevée sur les *revenus annuels* de l'administration qui n'en possède pas le *capital*. Il faut répéter encore que ces calculs ne peuvent qu'être fort éventuels, puisqu'on manque absolument de bases, et qu'ainsi on ne peut rien en conclure de positif.

Le principal moyen financier de rentrer dans ces avances, serait les concessions d'eau à domicile, et sans doute cette ressource produirait des résultats très-considérables et plus que suffisans pour couvrir les dépenses annuelles d'entretien : dans le cas où on ne les jugerait pas capables de payer l'intérêt du capital émis, cette affaire, considérée comme spéculation, ne serait point lucrative ; mais considérée sous le rapport de son immense utilité pour le public et de la juste gloire qui en réjaillirait sur les administrateurs qui l'auraient réalisée, je ne pense pas qu'il soit possible d'en imaginer une plus brillante.

En écrivant ce Mémoire, dans lequel je n'ai répété aucun des détails contenus dans les devis, j'ai eu l'intention d'y exposer, avec le moins de mots possible, toutes les choses les plus utiles à la parfaite intelligence de mon projet et du sujet auquel il est applicable : peut-être jugera-t-on que des explications seraient nécessaires, sur certains points, pour ceux qui n'ont pas fait de cette affaire l'objet d'une étude longue et approfondie ; s'il en est ainsi, j'offre tous les détails les plus circonstanciés, et que la crainte de trop grossir mon ouvrage, déjà volumineux, m'a seule empêché d'y comprendre. J'ai pensé que le point capital de mon projet, la filtration en grand des eaux de la Garonne, pourrait être considéré avec quelque défaveur, en raison des anciennes habitudes que vient heurter cette nouvelle idée, et des essais infructueux faits précédemment pour obtenir ce résultat ; mais la théorie prouve assez la facilité de ce que je projette, et l'expérience la confirme de tout le poids de son autorité, puisque ce que je propose de faire à Bordeaux se pratique avec succès à Paris, et j'ai tenu à pouvoir citer sur ce point l'autorité d'exemples incontestables. On n'objectera pas, sans doute, que les eaux de la Seine sont moins vaseuses que celles de la Garonne, et qu'on peut échouer pour celles-ci avec les moyens qui réussissent pour celles-là : en admettant cette différence dans les eaux, je répondrai qu'avant leur filtration, les eaux de la Garonne seront reposées pendant presque autant de jours qu'on donne d'heures de repos à celles de la Seine, et certes l'avantage sera tout de mon côté ; d'ailleurs, rien n'est plus facile que de s'assurer par soi-même de la suffisance du tems d'épuration que j'ai assigné.

Je terminerai ce Mémoire par l'expression de ma sincère gratitude envers M. le baron d'Haussez, préfet de la Gironde, et envers M. le vicomte du Hamel, maire de Bordeaux, pour l'aide efficace et les encouragemens qu'ils ont bien voulu me donner, et qui ont puissamment concouru à me faire remplir la tâche longue et difficile que j'avais entreprise : le but de

6

mes efforts a été de répondre à l'attente de ces honorables magistrats, et de seconder leurs vues généreuses pour la prospérité de Bordeaux ; plein de ce désir, et bien éloigné de ne chercher que de vaines gratifications d'amour-propre pour prix de mon travail, dans lequel on ne trouvera ni mystère ni réticence, je sollicite l'examen éclairé le plus sévère et le plus approfondi, et je recevrai les critiques qui relèveraient les erreurs que je pourrais avoir commises, avec plus de reconnaissance, encore, que les éloges que pourraient m'attirer les parties de mon ouvrage qu'on en jugerait dignes.

A Bordeaux, Décembre 1827.

G. J. DURAND, *architecte,*

ingén^r. hydr^{qut}. de la ville de Bordeaux.

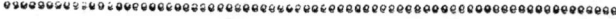

EXTRAIT
DU DEVIS ESTIMATIF.

TOUS LES DÉTAILS EXISTENT SUR LE MANUSCRIT ORIGINAL SOUMIS A LA COMMISSION
ET DÉPOSÉ A LA MAIRIE, OU IL PEUT ÊTRE CONSULTÉ.

Iʳᵉ. SECTION. — BATIMENS.

CHAPITRE Iᵉʳ.

FOUILLE DES TERRES.

Toutes les terres seront transportées à une distance moyenne de
80 mètres, et mises en remblai.

Les deux aqueducs, cube total......................	625ᵐ·ᶜᵇ·	⁄⁄ᶜ·
Les deux bassins, parties circulaires, cube total.	10 622,	95
Parties rectangulaires, cube total..................	6 125,	⁄⁄
Château d'eau. Les deux citernes et les murs de pourtour, cube total.................................	1 344,	⁄⁄
Gros murs, *idem*...............................	806,	⁄⁄
Murs secondaires, cube total......................	36,	⁄⁄

A reporter............... 19 558ᵐ·ᶜᵇ· 95ᶜ·

Report.................... 19 558$^{\text{m. cb.}}$ 95$^{\text{c.}}$

Quatre petits perrons, cube total..................		35,	*u*
Deux grands perrons,	*idem*.....................	39,	*u*
Murs de soutènement,	*idem*.....................	780,	*u*
Escaliers des citernes,	*idem*.....................	30,	*u*
Idem murs de pourtour,	*idem*.....................	25,	20
Tuyaux dévaseurs,	*idem*.....................	240,	*u*

Total des déblais.................. 20 708$^{\text{m. cb.}}$ 15$^{\text{c.}}$

CHAPITRE II.

FONDATIONS.

Article Ier. — *Préparation du sol.*

Aqueducs.

Les aqueducs seront fondés sur pilotis et grillage en bois de pin vert; les pilotis, disposés sur trois rangs longitudinaux et parallèles, auront 6$^{\text{m.}}$ de longueur et 0$^{\text{m.}}$ 22$^{\text{c.}}$ de diamètre au petit bout; ils seront armés d'un sabot et d'une frette, et battus à un refus qui sera déterminé; ils seront espacés d'un mètre d'axe en axe; le grillage, enfin, sera composé de trois cours de longrines de 0$^{\text{m.}}$ 27$^{\text{c.}}$ de diamètre, réunis entr'eux par des traverses espacées de 2$^{\text{m.}}$ d'axe en axe; chaque cours de longrine sera retenu, sur le rang de pilots correspondant, par un tenon, sur la tête de chaque pieu, qui s'assemblera dans une mortaise pratiquée dans la longrine.

Longueur développée des quatre murs de culée des aqueducs.. 100$^{\text{m.}}$ *u*$^{\text{c.}}$ } 150$^{\text{m. c.}}$ *u*$^{\text{c.}}$
Largeur...................................... 1, 50 }

Murs de soutènement des bassins.

Les murs de soutènement des bassins seront fondés sur grillages semblables à ceux précédemment décrits, et posés, sans pilots, sur le sol, qui aura préalablement été comprimé au moyen de percussions opérées par la chute d'un corps dont le poids, la forme et la hauteur de chute, seront ultérieurement déterminés.

Longueur développée des murs de soutènement,
ci.. 285$^{m.}$ $''^c$.
Largeur. .... 2, 50 } 712$^{m. c.}$ 50^c.

Tous les murs du château d'eau seront fondés sur pilotis et grillages. Les pilots auront 10^m de longueur et 0$^{m.}$ 22^c de diamètre au petit bout; ils seront armés, chacun, d'un sabot et de deux frettes; ils seront battus à un refus qui sera déterminé, et sous la percussion d'un mouton pesant 500 kil. au moins, et tombant de 10^m de hauteur. Chaque fondation sera composée de trois rangs de pieux longitudinaux et parallèles espacés d'un mètre d'axe en axe; ils seront coiffés, à tenon et mortaise, de trois cours de racinaux de 0^m 32^c de diamètre, reliés par des traverses de mêmes dimensions, espacées de 1$^{m.}$ 50^c d'axe en axe.

Gros murs........ Longueur développée. 201$^{m.}$ 50^c. } 503$^{m. c.}$ 75^c.
Largeur............... 2, 50 }

Murs secondaires. Longueur développée 18, $''$ } 18, $''$
Largeur............... 1, $''$ }

TOTAL............................. 521$^{m. c.}$ 75^c.

ARTICLE II. — *Maçonnerie au-dessous des terres.*

AQUEDUCS.

Ces murs seront construits en moilons de la Roque, écarris à la hache, et en pierre de Bourg pour les têtes et les chenettes, qui seront espacées de 3^m d'axe en axe : le tout posé à bain de mortier de chaux et de sable ordinaires, cube total............... 250$^{m. cb.}$ $''^c$.

Murs de soutènement des escaliers des citernes, cube total. 25, 20

Perrons, ensemble, comme les fouilles................ 74, $''$

TOTAL........................ 349$^{m. cb.}$ 20^c.

Voûtes.

Ces voûtes seront en pierre de Bourg de 0$^{m.}$ 32^c d'épaisseur, portant 0$^{m.}$ 32^c de coupe de claveaux à la clef, et 0$^{m.}$ 40^c aux naissances.

Longueur totale...................... 100$^{m.}$ $_{\prime\prime}$$^{c.}$ $\Big\}$ 314$^{m. c.}$ $_{\prime\prime}$^{c}

Développement...................... 3, 14

MURS DE SOUTÈNEMENT.

Bassins.

Ils seront construits en moilons de pierre de la Roque, écarris et posés par assises, avec chenettes de pierre de Bourg et revêtement intérieur de la même pierre, rejointoyé en plâtre-ciment de Boulogne.

Développement total... 285$^{m.}$ $_{\prime\prime}$^{c} $\Big\}$

Haut^r., fondation comprise................... 6, $_{\prime\prime}$ $\Big\}$ 1 710$^{m. c.}$ $_{\prime\prime}$^{c} $\Big\}$ 1 710$^{m. cb.}$ $_{\prime\prime}$^{c}

Épaisseur moyenne....... 1, $_{\prime\prime}$

CHATEAU D'EAU.

Gros murs.
1re. partie.

Cette première partie comprend tous les gros murs, à la seule exception des deux gros murs intérieurs de la tour; ils seront construits en moilons de pierre dure écarris à la hache, posés par assises, avec chenettes et encoignures en pierre dure (libages), le tout fortement battu à la *hie;* les chenettes seront espacées de 3$^{m.}$, et la maçonnerie, exécutée à bain de mortier de chaux et sable, sera fortement battue à la hie.

Développement.......... 181$^{m.}$ $_{\prime\prime}$^{c} $\Big\}$

Hauteur, fondation comprise................... 5, $_{\prime\prime}$ $\Big\}$ 905$^{m. c.}$ $_{\prime\prime}$^{c} $\Big\}$ 1 810$^{m. cb.}$ $_{\prime\prime}$^{c}

Épaisseur moyenne.......... 2, $_{\prime\prime}$

Gros murs.
2e partie.

Cette seconde partie comprend les deux gros murs intérieurs de la tour; ils seront construits comme les précédens.

Longueur ensemble........ 20$^{m.}$ 50^c $\Big\}$ 41$^{m. c.}$ $_{\prime\prime}$^{c} $\Big\}$

Hauteur................... 2, $_{\prime\prime}$ $\Big\}$ 77, 90

Épaisseur moyenne.......... 1, 90

A reporter...................... 1 88$_{\overline{7}}$$^{m. cb.}$ 90^c

Report............................ 1 887^{m. cb.} 90^{c.}

Il seront construits comme les précédens.

Longueur ensemble........ 18^{m.} ʺ^{c.} ⎫ 36^{m. c.} ʺ^{c.} ⎫

Hauteur..................... 3, ʺ ⎭   ⎬   32,   40

     Épaisseur................. 0,   90 ⎭

      Total............................ 1 920^{m. cb.} 30^{c.}

Ces voûtes seront composées de deux berceaux à plein cintre, construits en pierre de Bourg taillée à vive arête, et dont les coupes porteront sur toute l'épaisseur de la voûte; cette épaisseur sera, à la clef, de 0^{m.} 32^{c.}, et aux naissances, à l'endroit où les extrados coupent les paremens intérieurs des murs de culées, de 0^{m.} 70^{c.}

Les voûtes seront toisées sur l'intrados, et le prix du mètre carré comprendra la valeur des garnitures des flancs, qui seront construites en moilons posés à bain de mortier de chaux et sable.

Les trois premiers rangs de voussoirs, de 0^{m.} 27^{c.} chacun, seront, de chaque côté et aux naissances, de pierre dure.

Longueur des quatre berceaux............ 43^{m.} 60^{c.} ⎫ 225^{m. c.} 85^{c.}

Développement du demi-cintre............ 5, 18 ⎭

CHAPITRE III.

MAÇONNERIE EN ÉLÉVATION.

Article Ier. — *Garde-corps des bassins.*

Ces garde-corps seront construits en pierre de Bourg de 0^{m.} 32^{c.} d'épaisseur; ils seront coiffés d'une assise en pierre dure de 0^{m.} 40^{c.} de largeur, sur 0^{m.} 16^{c.} de hauteur : leur hauteur totale sera de 1^{m.} 0^{c.}

Longueur développée....................... 285^{m.} ʺ^{c.} ⎫ 285^{m. c.} ʺ^{c.}

Hauteur.................................... 1, ʺ ⎭

Projet de M. Durand.

Article II. — *Château d'eau.*

Soubassement.

Le soubassement sera construit en maçonnerie de moilon dur de Barsac, ou autre de même nature, écarri, posé par assise et fortement battu à la hie. Cette maçonnerie sera garnie, extérieurement, d'un revêtement en pierre carrée de Barsac, ou autre semblable, de 0^m· 40^c· d'épaisseur moyenne, taillée à vive arête, décorée de joints ouverts et portant une corniche et un cordon. Toute cette maçonnerie sera exécutée en mortier de chaux et sable. Les piédroits et arceaux des ouvertures seront aussi en pierre dure.

Longueur développée. 201^m· 50^c· ⎫ 1 511$^{m.\ c.}$ 25^c· ⎫
Hauteur............... 7, 50 ⎬ ⎬ 1 964$^{m.\ cb.}$ 62^c·
Épaisseur moyenne....... 1 30 ⎭ ⎭

Murs supérieurs.

Ces murs seront construits en moilons durs, comme les précédens; les encoignures avec leurs refends seront en pierre dure d'appareil; les impostes, les cordons, les archivoltes et l'entablement des ailes, seront en pierre de Bourg de choix, ainsi que les arcs des deux rangs d'ouvertures et les piédroits des ouvertures du deuxième étage; les piédroits des ouvertures du premier étage seront en pierre dure.

Développement total. 201^m· ⫽^{c}· ⎫ 2 010$^{m.\ c.}$ ⫽^{c}· ⎫
Hauteur............... 10, ⫽ ⎬ ⎬ 2 251$^{m.\ cb.}$ 30^c·
Épaisseur moyenne...... 1 12 ⎭ ⎭

Surhaussement de la tour.

Ce surhaussement sera construit en moilon dur, angles, refends en pierre dure, cordons, impostes, archivoltes, entablement, piédroits et arcs, en pierre de Bourg de choix.

Développement total....... 60^m· 30^c· ⎫ 322$^{m.\ c.}$ 60^c· ⎫
Hauteur................... 5, 35 ⎬ ⎬ 322$^{m.\ cb.}$ 60^c·
Épaisseur moyenne........... 1 ⫽ ⎭ ⎭

Acrotère de la tour.

Il sera construit en pierre de Bourg de choix; il aura 0^m· 32^c· d'épaisseur, et sera couronné d'une tablette en pierre dure de 0^m· 16^c· d'épaisseur.

Développement total...................... 61^m· 30^c· ⎫ 61$^{m.\ c.}$ 30^c·
Hauteur........................,.... 1, ⫽ ⎬

Ces voûtes seront construites en pierre de Bourg, de choix; elles auront, à la clef, $0^m.325$ d'épaisseur, et à l'endroit où l'arc d'extrados est coupé par le parement intérieur du mur, $0^m.60^c$ d'épaisseur; les claveaux porteront coupe sur toute l'épaisseur de la voûte ci-dessus désignée. Ces voûtes seront en berceaux à plein cintre, ainsi que l'indiquent les plans et la coupe. Les flancs des voûtes seront garnis en moilons tendres, écarris et posés avec soin à bain de mortier de chaux et sable; ces voûtes sont mesurées sur l'intrados des berceaux, et le prix du mètre carré comprendra la valeur des garnitures des flancs de la voûte, exécutées comme il vient d'être dit. Les trois premiers rangs de voussoirs, de $0^m.27^c$ chacun, seront, de chaque côté, en pierre dure à toutes les naissances : la longueur des voûtes, mesurée à la clef, multipliée par le développement du cintre, donnera la surface de la voûte, et il n'y sera rien ajouté pour les angles saillans ni rentrans des pénétrations, cette plus-value étant prise en considération dans la fixation du prix du mètre carré, mesuré comme il vient d'être dit.

Surface totale.. $214^m.c.61^c$

Plus-value pour deux portes et deux soupiraux en pierre dure.. $10, //$

GRANDE VOUTE DE LA TOUR.

(Cette voûte a $0^m.10^c$ d'épaisseur de plus que les autres). Surface.................................... $86, 92$

Les deux petites voûtes de la tour, surface....... $33, //$

Les deux ailes, surface............................ $517, 37$

Petites voûtes de la tour, comme le rez de chaussée... $33, //$

Les ailes, comme au rez de chaussée............. $517, 37$

Les deux petites voûtes de la tour................ $66, //$

Plus-value pour les arcs doubleaux et l'augmentation de surface des voûtes due à la retraite des murs.. $25, //$

TOTAL des voûtes............ $1503^m.c.27^c$

Voûtes.
Citernes.
Rez-de-chaussée.
Voûtes 1er. étage.
1er. et 2e. étage.

7

CHAPITRE IV.

DALLAGES, CARRELAGES ET PAVAGE.

⎯⎯⎯ ◦ ⎯⎯⎯

Article 1er. — *Pavage.*

Aqueducs.

Les aqueducs seront pavés en pavé de grès de 0^{m.} 215 de côté, au moins. Surface..................................... 65^{m. c.} ,,^{c.}

Abords du château d'eau, pavés de même. Surface. 400,   ,,

Total des pavés de grès.......... 465^{m. c.} ,,^{c.}

Article 2. — *Dallages.*

Bassins.

Les bassins seront dallés en dalles de Barsac, dites *dallotes;* elles seront posées à bain de mortier de chaux et sable, et taillées avec soin.

Surface totale des deux bassins

(chap. 1er.)..................... 3 349^{m. c.} 59^{c.} ⎫

A déduire pour les épaisseurs des ⎬ 3 063^{m. c.} 16^{c.}

murs............................ 286,   43 ⎭

Citernes.

Les citernes seront dallées comme il vient d'être

expliqué plus haut. Surface..... 172^{m. c.} 20^{c.} ⎫

A déduire pour le mur intermé- ⎬ 132,   30

diaire............................ 39,   90 ⎭

Château d'eau.
Ailes.

Le rez de chaussée, le 1er. et le 2me. étages seront

dallés comme il vient d'être dit plus haut.

Surface......................... 469^{m. c.} 53^{c.} ⎫

A déduire pour le mur intermé- ⎬ 417,   33

diaire..... 52,   20 ⎭

Tour.

Rez de chaussée. Surface.......... 176,   30 ⎫ 144,   74

A déduire pour les murs........... 31,   65 ⎭

A reporter..................... 3 757^{m. c.} 53^{c.}

Report........................	$3\ 757^{m.\ c.}\ 53^{c.}$	
Pièce au-dessus de la machine..............	$55,\quad 62$	Tour. $1^{er.}$ étage.
Les deux passages.......................	$27,\quad 44$	
Pièce entre les deux escaliers..............	$18,\quad 70$	
Les deux passages, comme ci-dessus...........	$27,\quad 44$	$2^e.$ étage.
Total des dallages.............	$3\ 886^{m.\ c.}\ 73^{c.}$	

Article 3. — *Carrelages.*

Les carrelages seront exécutés en carreaux carrés de $0^{m.}\ 32^{c.}$ de côté, de Gironde, passés et non taillés, posés sur un bain de mortier de chaux et de sable.

Surface totale (*voy. ci-dessus*)....... $101^{m.\ c.}\ 76^{c.}$	$\left.\right\}\ 74^{m.\ c.}\ 32^{c.}$	$2^e.$ étage.
A déduire la partie dallée (*voy. idem*) $27,\quad 44$		
Comme le premier........................ $101,\quad 76$		$3^e.$ étage.
Total des carrelages............. $176^{m.\ c.}\ 08^{c.}$		

CHAPITRE V.

ESCALIERS ET FILTRES.

Article 1er. — *Escaliers.*

Les escaliers des citernes seront composés chacun de vingt marches de $0^{m.}\ 90^{c.}$ de longueur; elles seront posées carrées et bouchardées. Pour les deux...................................... 40 marches.

Citernes.

Total des marches des escaliers des citernes... 40 marches.

Ces escaliers, de $1^{m.}\ 20^{c.}$ de largeur, seront construits en pierre dure de premier choix, et seront à limon; les marches porteront moulures et seront taillées avec soin. L'un des escaliers s'arrêtera au deuxième étage; l'autre conduira sur la plate-forme de la tour.

Château d'eau.

Nombre des marches ou plafonds de l'escalier conduisant au deuxième étage.. 71.

Nombre des marches ou plafonds de l'escalier conduisant sur la plate-forme de la tour... 153.

$$\text{Total des marches ou plafonds..... } 224.$$

Article 2. — *Filtres.*

Ils seront construits en pierre dure plate de choix de $0^{m.}$ $15^{c.}$ d'épaisseur, et dont l'appareil sera déterminé en tems utile. Ces filtres se composeront d'une suite de compartimens d'un mètre cube, environ, de capacité; tous les joints des pierres seront soigneusement garnis en ciment hydraulique qui sera désigné.

Le fond des filtres ayant déjà été compris dans le métrage des dallages, on ne comptera ici que les parois.

Longueur totale......................... $650^{m. c.}$ $''^{c.}$ $\left.\right\}$ $650^{m. c.}$ $''^{c.}$

Largeur moyenne........................ $1,$ $''$

$$\text{Total des parois des filtres..... } 650^{m. c.}\ ''^{c.}$$

Article 3. -- *Contre-Murs.*

Les bassins supérieurs seront formés par un revêtement de $0^{m.}$ $35^{c.}$ en beton hydraulique appliqué sur les parois des murs et sur le fond du bassin.

Parois. Développement des deux bassins............... $22^{m.}$ $80^{c.}$ $\left.\right\}$ $45^{m. c.}$ $60^{c.}$

Hauteur............. $2,$ $''$

$\left.\right\}$ $67^{m. c.}$ $35^{c.}$

Fonds. Longueur des deux. $7,$ 50 $\left.\right\}$ $21,$ 75

Largeur............. $2,$ 90

Article 4. — *Perrons.*

Les six perrons ont ensemble une surface de $74^{m.}$ (chap. 1er.).

Les marches indiquées par les plans seront en pierre dure, ainsi que les dalles des paliers, le tout posé sur un massif en maçonnerie de moilon de 0$^{m.}$ 50$^{c.}$ d'épaisseur.

Le prix comprendra toutes les fournitures et façons. Surface totale... 74$^{m. c.}$ $_{//}$c.

CHAPITRE VI.

CHARPENTE.

ARTICLE 1er. — *Combles.*

Les deux ailes seront couvertes en tuiles creuses; la charpente sera à une seule eau, et elle se composera de pannes supportées par un bâti qui reposera sur les murs intérieurs. Surface totale. 348$^{m. c.}$ $_{//}$c.

Les deux ailes.

La tour sera couverte en asphalte supporté par un fort plancher. Surface... 243$^{m. c.}$ 75^c.

A déduire les deux bassins, ensemble.................. 131, 04

La tour.

TOTAL des planchers pour enduits d'asphalte... 112$^{m. c.}$ 71^c.

ARTICLE 2. — *Planchers.*

Tous les planchers seront bruts, construits en bois du Nord pour soliveaux, et en bois de Nerva pour les planches. Les dimensions des bois seront ultérieurement déterminées proportionnellement aux dimensions des pièces.

Tour.

Les deux planchers de la grande pièce................. 111$^{m. c.}$ 24^c.

Les trois planchers de la petite pièce................. 56, 10

TOTAL des planchers............. 167$^{m. c.}$ 34^c.

ARTICLE 3. — *Faux planchers.*

Les deux faux planchers des ailes pour soutenir le plafond. Total... 245$^{m. c.}$ $_{//}$c.

Ailes.

A<small>RTICLE</small> 4. — *Portes d'écluses.*

Quatre portes d'écluse en chêne de $0^{m.}$ $20^{c.}$ d'épaisseur. Surface totale.. $8^{m. c.}$ $_{//}{}^{c.}$

CHAPITRE VII.

TOITURES.

A<small>RTICLE</small> 1er.

Les ailes.

Les ailes seront couvertes en tuiles creuses de Gironde. La surface est la même que celle des combles......................... $348^{m. c.}$ $_{//}{}^{c.}$

A<small>RTICLE</small> 2.

Tour.

La tour sera couverte en asphalte. Surface de la plate-forme (*voy.* chap. 6, art. 1er.)................................... $243^{m. c.}$ $75^{c.}$

A <small>DÉDUIRE</small> (*voy. idem*) :

Les deux bassins......................... $21^{m. c.}$ $75^{c.}$ ⎫
La cour.................................... $12,$ 19 ⎬ $39,$ 44
L'arrivée de l'escalier................. $5,$ 50 ⎭

T<small>OTAL</small> de l'enduit d'asphalte.... $204^{m. c.}$ $31^{c.}$

A<small>RTICLE</small> 3.

Dalles et tuyaux de descente en cuivre. Longueur totale.. $60^{m.}$ $_{//}{}^{c.}$

CHAPITRE· VIII.

PLATRERIE.

PLAFONDS.

Plafonds des deux ailes, surface égale à celle des faux planchers   Les deux ailes
(*voy.* chap. 6, art. 3)...................................... 245$^{m.\,c.}$ $_{u}$$^{c.}$
Grande pièce.. 166   86   Tour.
Petite pièce.. 74   80

TOTAL des plafonds............. 511$^{m.\,c.}$ 66$^{c.}$

CHAPITRE IX.

MENUISERIE.

ARTICLE 1er. — *Portes extérieures à deux ventaux.*

Six portes extérieures cintrées, portant moulures, avec impostes
en chêne de 0$^{m.}$ 8$^{c.}$ d'épaisseur. Ensemble................ 59$^{m.\,c.}$ 34$^{c.}$

TOTAL du premier article......... 59$^{m.\,c.}$ 34$^{c.}$

ARTICLE 2. — *Fenêtres des quatre étages.*

Ces fenêtres, cintrées et à grands carreaux, seront exécutées en
bois de Nerva de la plus forte épaisseur; elles porteront des impostes.
Soixante-douze fenêtres principales. Surface totale.... 257$^{m.c.}$ 04$^{c.}$
Douze fenêtres secondaires, ensemble.................. 36, $_{u}$

TOTAL de l'article 2.............. 293$^{m.\,c.}$ 04$^{c.}$

Article 3. — *Portes intérieures à un ventail.*

Quarante-deux portes à panneaux en bois de Nerva.
Surface totale... 157$^{m.c.}$ 5o^c.

Total de l'article 3.............. 157$^{m.c.}$ 5o^c.

CHAPITRE X.

SERRURERIE.

Article 1er. — *Portes extérieures.*

Les six portes extérieures seront ferrées chacune des pièces ci-après énumérées :

Six bandes entaillées, posées à vis, avec leurs gonds, une forte serrure, un loqueteau garni, un verrou à ressort, deux targettes intérieures, pattes d'arrêt, gaches, entrées, etc.; le tout de fortes dimensions et de première qualité.

Article 2. — *Fenêtres.*

Chaque fenêtre sera ferrée de six fiches à broche, un loqueteau garni, un verrou à ressort, une main, deux crochets d'arrêt, pattes, entrées, gaches, etc.; le tout de fortes dimensions et de première qualité.

Article 3. — *Portes intérieures.*

Chacune sera ferrée de trois fiches, une serrure à tour et demi, deux targettes, pattes, gaches, entrées, etc., ou bien de deux bandes entaillées et posées à vis, une serrure à tour et demi, deux targettes, pattes, gaches, entrées, etc.

Article 4. — *Divers ouvrages.*

Ferrure de quatre portes d'écluse.

Rampes en fer carré de deux escaliers des citernes et de ceux de la tour, l'un conduisant au deuxième étage, et l'autre sur la plate-forme.

Longueur totale............................... $67^{m.}\;{}_{\prime\prime}{}^{c.}$

Lanterne pour couvrir la cour intérieure de la tour, compris le châssis maillé. Surface...................................... $30^{m.\;c.}\;{}_{\prime\prime}{}^{c.}$

Tuyaux dévaseurs de $0^{m.}\;33^{c.}$ de diamètre intérieur, en fonte. Longueur totale................................... $52^{m.}\;{}_{\prime\prime}{}^{c.}$

Garde-corps autour de ladite lanterne. Développement... $22^{m.}\;{}_{\prime\prime}{}^{c.}$

Grillage en fer carré et châssis maillés des dix-huit croisées du rez de chaussée. Surface totale............................ $78^{m.\;c.}\;66^{c.}$

Grillage en fer carré pour empêcher les corps flottans d'entrer dans les bassins, ensemble........................... $4^{m.\;c.}\;{}_{\prime\prime}{}^{c.}$

CHAPITRE XI.

PEINTURE A L'HUILE ET VITRERIE.

PEINTURE.

Toutes les peintures seront à trois couches et exécutées avec de l'huile grasse et de la céruse, à l'exclusion de toute autre matière, excepté la quantité d'essence rigoureusement nécessaire, et le peu de couleur ordinairement employé pour donner à la céruse la teinte prescrite.

8

Article 1er.

Portes extérieures, surface double de l'art. 1er.,
chap. 9... $118^{m.\,c.}\,68^{c.}$

Article 2.

Fenêtres, une fois et demie la surface de l'art. 2,
chap. 9... 439,   56

Article 3.

Portes intérieures, surface double de celle de l'art.
3, chap. 9... 315,   //

Article 4. — *Rampes, lanternes, garde-corps, grilles et châssis maillés.*

Rampes.................................. $107^{m.\,c.}\,20^{c.}$ ⎫
Lanterne. Surface triple en raison du   ⎪
  châssis maillé (chap. 10, art. 4)... 90,   // ⎪
Garde-corps. Surface double (ch. 10,   ⎬ 477,   18
  art. 4)................................. 44,   // ⎪
Grilles et châssis maillés : surface tri-   ⎪
  ple (chap. 10, art. 4)............. 235,   98 ⎭

Total de la peinture.......... $1\,350^{m.\,c.}\,42^{c.}$

Article 5. — *Vitrerie.*

Elle sera exécutée en verre double de première qualité. Surface
  des châssis vitrés (chap. 9, art. 2)..... $293^{m.}\,04^{c.}$ ⎫
A déduire pour les épaisseurs des bois.... 70,   04   ⎬ $223^{m.\,c.}\,//^{c.}$
Lanterne (chap. 10, art. 4)........................... 30,   //

Total de la vitrerie.............. $253^{m.\,c.}\,//^{c.}$

SECTION II.

MACHINES ET ÉTABLISSEMENS HYDRAULIQUES.

CHAPITRE Ier.

MACHINE A VAPEUR.

CETTE machine sera portative, à basse pression et à double effet, construite sur le système de Watt; elle aura une chaudière de rechange, et sera garnie de tous ses tuyaux et appareils; elle mettra en mouvement deux pompes à réservoir d'air, garnies de tous les tuyaux et appareils nécessaires: l'une conduira l'eau des bassins de calme dans un des réservoirs supérieurs, d'où elle descendra dans les filtres, et ensuite dans les citernes; l'autre pompe prendra l'eau filtrée dans les citernes et la conduira dans le second bassin supérieur, d'où elle se distribuera aux diverses fontaines par les conduites. Chacune de ces pompes pourra élever au moins 1 500[m. cb.] d'eau en 18 heures. Tous les tuyaux d'aspiration, d'ascension et de descension, ainsi que toutes les pièces nécessaires au jeu de la machine à vapeur et de ses pompes, dans l'intérieur du château d'eau, sont compris sous la désignation générale de *machine* à vapeur. Cette machine sera estimée en place et prête à jouer; de sorte que les frais d'emballage, transport, montage, etc., etc., etc., seront compris dans la somme qui sera plus tard énoncée.

CHAPITRE II.

CONDUITES ET TUYAUX.

L'eau prise dans les bassins de calme, et conduite par la machine dans l'un des bassins supérieurs situés sur la plate-forme de la tour, en redescendra au moyen d'une conduite en fonte de fer dont les embranchemens la répartiront sur les filtres ; chacun de ces filtres aura un tuyau de plomb tiré, par lequel l'eau filtrée s'écoulera, par des rigoles et des conduites, dans les citernes. Les tuyaux d'ascension et ceux de descension étant compris dans la machine décrite dans le précédent chapitre, il n'en sera point parlé dans celui-ci. Je vais m'occuper, d'abord, des tuyaux d'embranchement conduisant l'eau supérieure sur les filtres ; je traiterai, ensuite, des tuyaux partiels en plomb, des rigoles et des tuyaux partiels en fer. Ces trois derniers articles compléteront le premier paragraphe de ce chapitre ; le second paragraphe sera relatif aux conduites que parcourra l'eau filtrée, depuis le second bassin supérieur où l'aura portée la machine, jusqu'aux points de distribution dans l'intérieur de la ville.

§. Iᵉʳ. — TUYAUX INTÉRIEURS.

ARTICLE 1ᵉʳ. — *Tuyaux d'embranchement et leurs accessoires.*

Ces tuyaux seront en fonte de fer ; ils auront $0^m\,10^c$ de diamètre intérieur, et $0^m\,01^c$ d'épaisseur ; leurs diverses pièces seront assemblées au moyen d'emboîtures garnies de mastic hydraulique.

Longueur totale des tuyaux.......................... $288^m\,{}_{11}{}^c$

A l'aplomb de chaque filtre, ces tuyaux porteront un robinet de bronze, au moyen duquel on réglera la quantité d'eau que chaque filtre recevra. En sortant du robinet, l'eau tombera dans un cône creux, renversé et en plomb, dont le sommet sera ouvert; le cône sera rempli d'une éponge que l'eau du robinet traversera, puis elle passera par l'orifice du sommet du cône et tombera dans le filtre.

Nombre total des robinets......................... 192.

Nombre total des cônes tronqués................. 192.

Article 2. — *Tuyaux partiels en plomb et en fer.*

Les tuyaux de plomb conduiront l'eau épurée par chaque filtre dans une rigole posée sur le dallage, d'où elle passera dans un tuyau en fer qui la versera dans les citernes; les tuyaux en plomb auront 0^m 027 de diamètre intérieur, et 0^m 0035 d'épaisseur: ils pèseront, le mètre de longueur, 4 kilogrammes.

Longueur totale desdits tuyaux.................... 57^m 60^c

Article 3. — *Rigoles.*

Ces rigoles en pierre dure seront posées sur le dallage, aussi en pierre dure, des pièces où seront établis les filtres; on leur donnera la pente et les dimensions nécessaires au libre écoulement de l'eau qu'elles devront contenir; elles seront recouvertes de plaques de fonte de fer.

Longueur totale des rigoles...................... 288^m $_{||}^c$

Le prix porté pour ces rigoles comprendra celui de la pierre, de la fonte, de toutes les façons et autres matériaux, tels que mortier, ciment hydraulique pour les rejointoyemens, etc., etc., etc.

Article 4. — *Tuyaux partiels en fer de fonte.*

Ces tuyaux recevront l'eau des rigoles et la conduiront dans les citernes; ils seront en fonte, et les diverses pièces dont ils

seront composés seront assemblées à étui avec du mastic hydraulique.

Longueur totale des tuyaux....................... 26^m. ^c.

§. II. — CONDUITES EXTÉRIEURES.

Voy. le dessin n°. 8 (1).

Les conduites extérieures seront construites en tuyaux de fer de
fonte de 2^m. 15^c. de longueur, assemblés à étui au moyen d'un ciment
hydraulique. Ces conduites seront posées dans des tranchées d'une
profondeur moyenne d'un mètre, dont le fond aura préalablement été
nivelé et battu. Des regards seront placés de 100 en 100^m. de distance,
et dans chacun d'eux sera un tuyau en deux pièces sur sa longueur,
de manière à ce que la partie supérieure, serrée sur celle inférieure
comme une bride, puisse être enlevée pour faciliter les baguettages.
Des évens seront placés en tous les lieux utiles pour que les mouvemens ascensionnels et descensionnels de l'eau dans les conduites
s'opèrent sans difficulté. Des tuyaux compensateurs seront établis
aux distances convenables.

Ces conduites seront de trois dimensions, dont chacune formera
un article : les premières auront 0^m. 33^c. de diamètre intérieur ; les
secondes 0^m. 25^c., et les troisièmes 0^m. 10^c. Les dimensions des fouilles
seront les mêmes dans tous les cas, ainsi que le remblai pilonné et la
réparation du pavé.

Article 1er. — *Conduites principales.*

Cette conduite partira du bassin supérieur du château d'eau et
suivra les voies ci-dessous indiquées : les quais, les fossés du Chapeau-
Rouge, ceux de l'Intendance, et se terminera au centre de la place
Dauphine. De ce point, un embranchement suivra le cours de

───────────────

(1) Voyez la note au bas de la page 35.

Tourny et s'arrêtera à la place du même nom ; un second embranchement partira du centre de la place Dauphine, suivra la rue Dauphine, le cours d'Albret, la rue Monbazon et celle des Trois Conils,
jusqu'à la rencontre de la rue Victor, où il se terminera.

Longueur totale de cette conduite............... 3 650^m· //^{c}·

Article 2. — Conduite secondaire.

1re. PARTIE.

Cette première partie partira du bassin supérieur du château d'eau ;
elle suivra la rue du Port, les terrains du Fort-Louis, la rue Saint-
Charles et la place des Capucins, au milieu de laquelle elle se terminera.

Longueur totale............................... 1 000^m· //^{c}·

2e. PARTIE.

Cette seconde partie sera en continuation du premier
embranchement de la conduite principale ; elle partira,
donc, de la place Tourny, et suivra le cours du Jardin-
Public jusqu'à la rue Michel.

Longueur totale............................... 620, //

3e. PARTIE.

Depuis la place Tourny, suivant la rue Fondaudège et
le chemin du Médoc, jusqu'à la rue de la Trésorerie.

Longueur totale............................... 530, //

4e. PARTIE.

Depuis la place du Chapeau-Rouge, suivant les quais,
jusqu'à la rue Borie.

Longueur totale............................... 1 225, //

A reporter........................... 3 375^m· //^{c}·

Report............................. $3\,375^{m.}$ $_{n}{}^{c.}$

5e. PARTIE.

Cette partie partira du point où se terminera le second embranchement de la conduite principale, dans la rue des Trois Conils, vis-à-vis la rue Victor; il suivra la rue Boule du Pétal, les fossés des Tanneurs et ceux des Carmes, jusqu'à la rue Bouhaut.

Longueur totale.................................. $600,$ $_{n}$

6e. PARTIE.

Partant du même point que la précédente, elle suivra la rue des Trois Conils, celle de la Merci, celle Saint-Siméon, et s'arrêtera à la rue du Pas Saint-George.

Longueur totale.................................. $370,$ $_{n}$

Longueur totale des conduites secondaires. $4\,345^{m.}$ $_{n}{}^{c.}$

Article 3. — *Petites conduites.*

Ces conduites, de $0^{m.}$ $10^{c.}$ de diamètre intérieur, partiront de tous les points où se termineront les conduites secondaires, et aboutiront aux points de distribution.

Longueur totale.................................. $8\,055^{m.}$ $_{n}{}^{c.}$

CHAPITRE III.

FONTAINES, BORNES, ETC.

Le plan ci-joint, désigné par le n°. 8, indique 56 points de distribution pour les eaux filtrées; quelques-uns seront établis sur des fontaines qui existent actuellement, mais la plus grande partie sera placée en des lieux où il faudra construire des fontaines *ad hoc*. L'importance de ces monumens variera selon leur position. Au centre de la place Dauphine, s'élèvera une fontaine monumentale qui concourra à la décoration de la place; une autre fontaine de même nature, mais d'une moindre importance, sera placée sur l'esplanade du Château-Trompette; huit ou dix fontaines ornées seront établies sur les points les plus en évidence, et partout ailleurs, on placera de simples bornes que, plus tard, on pourra convertir en monumens plus remarquables.

L'évaluation de ces cinquante-six monumens sera portée en bloc, et plus tard les projets en seront dressés d'après la somme attribuée à chacun d'eux.

Partout, au reste, et à la seule exception du très-petit nombre de fontaines où le jeu des eaux formera décoration, on placera des soupapes à repoussoir pour éviter une perte d'eau inutile.

Des robinets seront placés aux lieux convenables, et disposés de la manière nécessaire pour que, dans le cas d'incendie, on puisse, à volonté, porter une masse d'eau considérable sur un point quelconque des conduites.

SECTION III.

ESTIMATION DE LA DÉPENSE.

Article 1er.

Terrassemens (sect. 1re., ch. 1er.), 20 708 15m. cb., à 0 fr. 65 cent. le mètre cube.................................. .... 13 460f 29c

Article 2.

Battage de pilots, grillages, préparation du sol des fondations des aqueducs, (sect. 1re., ch. 2, art. 1er.), tous frais, fournitures et façons compris, 150m. c., à 100 fr. .... 15 000, *

Article 3.

Préparation du sol et grillage pour les murs de soutènement des bassins, (sect. 1re., ch. 2, art. 1er.), 712m. 50c., à 6 fr.. 4 275, *

Article 4.

Battage de pilots, grillages, etc., pour les fondations du château d'eau, (sect. 1re., ch. 2, art. 1er.), toutes fournitures, façons et autres frais compris, 521m. 75c., à 170 fr... 88 697, 50

A reporter........................... 121 432f 79c

Report........................... 121 432f 79c

ARTICLE 5.

Murs de soutènement des aqueducs, des escaliers de citernes et des perrons, (sect. 1re., ch. 2, art. 2), 349m. 20c. cb., à 13 fr.................................... 4 539, 60

ARTICLE 6.

Voûtes des aqueducs, (sect. 1re., ch. 2, art. 2), 314m. c., à raison de 13 fr., (compris les flancs)......... 4 082, //

ARTICLE 7.

Murs de soutènement des bassins, (sect. 1re., ch. 2, art. 2), 1710m. cb., à 17 fr............................... 29 070, //

ARTICLE 8.

Gros murs du château d'eau, (sect. 1re., ch. 2, art. 2), 1920 30m. cb., à 20 fr............................ 38 406, //

ARTICLE 9.

Voûtes des citernes, (sect. 1re., ch. 2, art. 2), 225m. c. 85c., à 18 fr.................................... 4 065, 30

ARTICLE 10.

Garde-corps des bassins, (sect. 1re., ch. 3, art. 1er.), 285m. c., à 10 fr.. 2 850, //

ARTICLE 11.

Soubassement du château d'eau, (sect. 1re., ch. 3, art. 2), 1964m. cb. 62c., à 58 fr. 67 cent.................. 115 264, 25

A reporter........................... 319 709f 94c

PROJET DE M. DURAND.

Report.......................... 319 709ᶠ 94ᶜ

ARTICLE 12.

Murs supérieurs, (sect. 1ʳᵉ., ch. 3, art. 2),
225₁ᵐ·ᶜᵇ· 20ᶜ·, à 20 fr.................................... 45 024, *

ARTICLE 13.

Surhaussement de la tour, (sect. 1ʳᵉ., ch. 3, art. 2),
322ᵐ·ᶜᵇ· 60ᶜ·, à 20 fr.................................... 6 452, *

ARTICLE 14.

Acrotère de la tour, (sect. 1ʳᵉ., ch. 3, art. 2), 61ᵐ·ᶜ·
30ᶜ·, à 15 fr... 919,50

ARTICLE 15.

Voûtes des filtres, (sect. 1ʳᵉ., ch. 3, art. 2),
1503ᵐ·ᶜ· 27ᶜ·, à 18 fr.. 27 058,86

ARTICLE 16.

Pavage, (sect. 1ʳᵉ., ch. 4, art. 1ᵉʳ.) 465ᵐ·ᶜ·, à rai-
son de 5 fr... 2 325, *

ARTICLE 17.

Dallages, (sect. 1ʳᵉ., ch. 4, art. 2), 3 886ᵐ·ᶜ· 73ᶜ·,
à raison de 10 fr.. 38 867,30

ARTICLE 18.

Carrelages, (sect. 1ʳᵉ., ch. 4, art. 3), 176ᵐ·ᶜ· 08ᶜ·,
à raison de 4 fr... 704,32

ARTICLE 19.

Escaliers, (sect. 1ʳᵉ., ch. 5, art. 1ᵉʳ.), 264 marches ou plafonds, à 15 fr. l'un............................ 3 960, *

A reporter....................... 445 020ᶠ 92ᶜ

Report.......................... 445 020ᶠ 92ᶜ

ARTICLE 20.

Filtres, (sect. 1ʳᵉ., ch. 5, art. 2), 650ᵐ·ᶜ·, à raison de 15 fr.. 9 750, ″

ARTICLE 21.

Contre-murs, (sect. 1ʳᵉ., ch. 5, art. 3), 67ᵐ·ᶜ· 35ᶜ, à 13 fr. l'un.. 875, 55

ARTICLE 22.

Perrons, (sect. 1ʳᵉ., ch. 5, art. 4), 74ᵐ·ᶜ·, à raison de 15 fr.. 1 110, ″

ARTICLE 23.

Combles des deux ailes, (sect. 1ʳᵉ., ch. 6, art. 1ᵉʳ·), 348ᵐ·ᶜ·, à 5 fr. l'un.. 1 740, ″

ARTICLE 24.

Combles de la tour, pour recevoir de l'asphalte, (sect. 1ʳᵉ., ch. 6, art. 1ᵉʳ·), 112ᵐ·ᶜ· 71ᶜ, à 10 fr... 1 127, 10

ARTICLE 25.

Planchers, (sect. 1ʳᵉ., ch. 6, art. 2), 167ᵐ·ᶜ· 34ᶜ, à raison de 8 fr... 1 338, 72

ARTICLE 26.

Faux planchers, (sect. 1ʳᵉ., ch. 6, art. 3), 245ᵐ·ᶜ·, à 2 fr. 50 cent... 612, 50

ARTICLE 27.

Portes d'écluse, (sect. 1ʳᵉ., ch. 6, art. 4), 8ᵐ·ᶜ·, à 40 fr.. 320, ″

A reporter...................... 461 894ᶠ 79ᶜ

Report............................... 461 894^f 79^c

Article 28.

Toîture des ailes, (sect. 1re., ch. 7, art. 1er.),
348$^{m. c.}$, à 2 fr., (tous faîtages, rives, etc., compris).   696, //

Article 29.

Toîture de la tour, (sect. 1re., ch. 7, art. 2),
204$^{m. c.}$ 31$^{c.}$ d'asphalte, à 12 fr............................ 2 451, 72

Article 30.

Dalles et tuyaux, (sect. 1re., ch. 7, art. 3), 60$^{m.}$
courans, à 15 fr. l'un...................................... 900, //

Article 31.

Plafonds, (sect. 1re., ch. 8), 511$^{m. c.}$ 66$^{c.}$, à raison de 2 fr. 50 cent.................................... 1 279, 15

Article 32.

Portes extérieures, (sect. 1re., ch. 9, art. 1er.),
59$^{m. c.}$ 34$^{c.}$, à raison de 20 fr. l'un......................... 1 186, 80

Article 33.

Fenêtres, (sect. 1re., ch. 9, art. 2), 293$^{m. c.}$ 04$^{c.}$,
à raison de 9 fr.. 2 637, 36

Article 34.

Portes intérieures, (sect. 1re., ch. 9, art. 3), 157$^{m. c.}$
50$^{c.}$, à 9 fr. l'un... 1 417, 50

Article 35.

Ferrure de six portes, (sect. 1re., ch. 10, art. 1er.),
à 50 fr... 300, //

A reporter........................ 472 763^f 32^c

À reporter........................... 472 763^f 32^c

Article 56.

Ferrure de 84 fenêtres, (sect. 1re., ch. 10, art. 2),
à 25 fr.. 2 100, *"*

Article 57.

Ferrure de 42 portes, (sect. 1re., ch. 10, art. 3),
à 25 fr.. 1 050, *"*

Article 58.

Divers ouvrages de serrurerie, (sect. 1re., chap. 10,)
   art. 4) :
  Les 4 portes d'écluses....... à 175^f *"*^{c} 700^f *"*^{c}
  67^m· de rampes.............. à 30, *"* 2 010, *"*
  30^m·^{c}· de lanterne........... à 25, *"*   750, *"* } 12 458, 68
  52^m· de tuyaux.............. à 70, *"* 3 640, *"*
  22^m· de garde-corps......... à 20, *"*   440, *"*
  78^m· 66^c· de grillages........ à 60, *"* 4 719, 60
   4^m·   *idem*.............. à 49, 77   199, 08)

Article 39.

Peinture à l'huile, (sect. 1re., ch. 11, art. 1er.),
1350^m·^{c}· 42^c·, à raison de 0 fr. 90 cent................. 1 215, 38

Article 40.

Vitrerie, (sect. 1re., ch. 11, art. 2), 253^m·^{c}·, à
raison de 10 fr. l'un..................................... 2 530, *"*

                                        492 117^f 38^c
Honoraires de l'architecte, ^{1}/$_{20}$^{e}...................... 24 605, 86
Cas fortuits et dépenses imprévues.................. 20 000, *"*

    Total de la 1re. section.................. 536 723^f 24^c

Article 41.

Machine à vapeur, (sect. 2, ch. 1ᵉʳ.).................. 80 000ᶠ ᵘᶜ

Article 42.

Tuyaux intérieurs, (sect. 2, ch. 2, §. 1ᵉʳ., art. 1ᵉʳ.).

Ces tuyaux auront 2ᵐ· de longueur, 0ᵐ· 10ᶜ· de diamètre intérieur, et 0ᵘ· 01ᶜ· d'épaisseur; en sus, les
brides ou emboîtures.

Sous-détail d'un mètre courant.

Diamètre moyen...........	0ᵐ·	11ᶜ·
Circonférence moyenne....	0,	3457
Longueur d'un tuyau.......	2,	00
Epaisseur..................	0,	01

Cube...................................... 0, 0069ᵐ· ᶜᵇ·

Emboîture.

Diamètre moyen...........	0ᵐ·	15ᶜ·
Circonférence moyenne....	0,	4714
Longueur..................	0,	15
Epaisseur..................	0,	01

Cube. 0, 0007

Cube total d'un tuyau de 2ᵐ·............ 0, 0076ᵐ· ᶜᵇ·

La pesanteur d'un mètre cube de fer de fonte
étant de 7210 kil. les 0ᵐ· ᶜᵇ·, 0076 pèseront 54
kil. 79ᶜ·, à 0 fr. 37 cent. le kil.................. 20ᶠ 27ᶜ

La moitié de ce prix, pour 1ᵐ·.............. 10ᶠ 13ᶜ
Pose, crampons et ciment hydraulique....... 0, 87
Transport, faux-frais, etc..................... 0, 25

Prix du mètre courant......................... 11ᶠ 25ᶜ

A ce prix, les 288ᵐ· coûteront................. .... 3240 ʺ

A reporter...... .... 83 240ᶠ ʺᶜ

Report.......................... 83 240ᶠ ⁿᶜ

Article 43.

192 robinets, (sect. 2, ch. 2, §. 1ᵉʳ., art. 1ᵉʳ.), à
10 fr. l'un.................................... 1 920, ⁿ

Article 44.

192 cônes tronqués (sect. 2, ch. 2, §. 1ᵉʳ., art. 1ᵉʳ.),
à 2 fr. l'un.................................. 384, ⁿ

Article 45.

5760ᵐ· de tuyaux en plomb, (sect. 2, ch. 2, §. 1ᵉʳ.,
art. 2), à 5 fr. le mètre.................... 288, ⁿ

Article 46.

288ᵐ· ᶜ· de rigoles avec leurs couvertures en fonte,
(sect. 2, ch. 2, §. 1ᵉʳ., art. 3), à 10 fr. le mètre...... 2 880, ⁿ

Article 47.

Tuyaux partiels en fonte (sect. 2, ch. 2, §. 1ᵉʳ., art. 4).
Comme ceux de l'art. 42 de la présente section. Les
26ᵐ· à 11 fr. 25 cent. l'un...................... 292, 50

Article 48.

Conduites extérieures principales (sect. 2, ch. 2, §. 2,
art. 1ᵉʳ.).

Ces conduites seront composées de tuyaux de fer de
fonte réunis par emboîtement; ils auront 2ᵐ· de longueur en sus de l'emboîtement, qui sera de 0ᵐ· 15ᶜ·

Leur diamètre intérieur sera de 0ᵐ· 33ᶜ·, et leur épaisseur de 0ᵐ· 02ᶜ·

A reporter...................... 89 004ᶠ 50ᶜ

Report............................. 89 004^f 50^c

Sous-détail d'un mètre courant.

Diamètre moyen.............. 0^{m.}   35^{c.}

Circonférence moyenne...... 1,   10

Longueur d'un tuyau........ 2,   00

Surface moyenne............. 2^{m. c.} 20

Épaisseur.................... 0^{m.}   02

Cube...................................... 0^{m. cb.} 0440

Emboîture.

Diamètre moyen........... 0^{m.}   41

Circonférence moyenne... 1^{m. c.}   2885

Longueur.................. 0^{m.}   15

Surface moyenne.......... 0^{m. c.}   19327

Épaisseur................. 0^{m.}   02

Cube....................................... 0,   0039

Cube total d'un tuyau........ 0^{m. cb.} 0479

0^{m. cb.} 0479 pèseront.................... 345^{kil.} 359

A 0 fr. 37 cent. le kil.............. 127^f 78^c

La moitié de ce prix pour 1^{m.}.............. 63^f 89^c

Ajustage, pose et ciment.................... 2, 00

Déblai de la tranchée, 1^{m.} de profondeur, pilonage du sol, remblai et réparation du pavé.. 2, 00

Un regard sera placé de 100^{m.} à 100^{m.}; chacun étant estimé 150 fr., il doit être attribué à chaque mètre............................ 1, 50

Transport, faux frais, etc...................... 1, 00

Prix du mètre courant.............. 70^f 39^c

A ce prix, les 3 650^{m.} coûteront...................... 256 923 50

A reporter........................ 345 928^f 00^c

Report.......................... 345 928^f 00^c

Article 49.

Conduites secondaires (sect. 2, ch. 2, §. 2, art. 2).

Les tuyaux qui composeront ces conduites auront
2^m de longueur, indépendamment de 0^m 15^c d'emboîtement, 0^m 25^c de diamètre intérieur, et 0^m 015
d'épaisseur.

Sous-détail d'un mètre linéaire.

Diamètre moyen d'un tuyau.	0^m	265
Circonférence moyenne.....	0,	8328
Longueur....................	2,	00
Surface moyenne............	1$^{m.c.}$	6656
Épaisseur...................	0^m	015
Cube........................	0$^{m.cb.}$	0250

Emboîtement.

Diamètre moyen............	0^m	3150
Circonférence moyenne.....	0,	9900
Longueur....................	0,	15
Surface moyenne............	0$^{m.c.}$	1485
Épaisseur...................	0^m	015
Cube........................	0,	0022

Cube total d'un tuyau........... 0$^{m.cb.}$ 0272

Les 0$^{m.cb.}$ 0272 de fonte pèseront......... 196$^{kil.}$ 11

et coûteront, à 0 fr. 37 cent.................... 72^f 56^c

La moitié de cette somme pour 1$^{m.c.}$...... 36^f 28^c

Ajustage et ciment (*voy.* art. 48)......... 1, 50

Déblai, etc. (*voy.* art. 48)................ 2, 00

A reporter...................... 39^f 78^c

A reporter...................... 345 928^f 00^c

Report............ .... 345 928^f $''^e$

Report......................... 39^f 78^c

Regards (*voy*. art. 48)...................... 1, 50

Transports et faux frais....................... 0, 76

Prix du mètre courant............ 42^f 04^c

A ce prix, les 4 345^m coûteront........................ 182 663, 80

ARTICLE 50.

Petites conduites (sect. 2, ch. 2, §. 2, art. 3).

Prix d'un mètre courant (*voy*. sect. 3,

art. 42)... 10^f 13^c

Ajustage et ciment.............................. 0, 87

Déblai, etc. .... 2, $''$

Regards... 1, 50

Transports et faux frais....................... 0, 50

Prix d'un mètre...................... 15^f $''^c$

A ce prix, les 8 055^m coûteront........................ 120 825, $''$

ARTICLE 51.

(*Voy*. sect. 2, ch. 3).

56 fontaines à 1 892 fr. 85 cent. l'une.................... 105 999, 60

Robinets, plus-value pour les tuyaux mobiles et pour

ceux compensateurs, et autres dépenses accessoires. 10 000, 40

765 416^f 80^c

ARTICLE 52.

Honoraires de l'architecte, $^1/_{20}$^{e}.......................... 38 270, 84

Cas fortuits et dépenses imprévues...................... 40 000, $''$

TOTAL de la deuxième section................. 843 687^f 64^c

RÉCAPITULATION.

Total de la première section.............. 536 723ᶠ 24ᶜ
Total de la deuxième section.............. 843 687 64

Total général...................... 1 380 410ᶠ 88ᶜ

Dressé à Bordeaux, en Décembre 1827, par l'architecte sous-
signé, ingénieur hydraulique de la ville de Bordeaux.

G. J. DURAND.

RAPPORT

DE LA COMMISSION

NOMMÉE

PAR M. LE MAIRE DE BORDEAUX,

POUR L'EXAMEN

D'UN TRAVAIL DE M. DURAND,

INGÉNIEUR HYDRAULIQUE DE LA MAIRIE,

INTITULÉ : *PROJET GÉNÉRAL DE FONTAINES PUBLIQUES.*

MONSIEUR LE MAIRE,

PAR votre arrêté du 19 Décembre 1827, vous avez nommé une commission dans l'objet d'examiner le travail que vous avait présenté M. Durand, ingénieur hydraulique de la mairie, lequel est intitulé : « *Projet général de fontaines publiques* » *pour la ville de Bordeaux*, et les projets de nouveaux tra- » vaux que vous aviez demandés au même ingénieur (1) ».

(1) La Commission, présidée par M. Lucadou, adjoint de maire, délégué pour les travaux publics, était originairement composée de MM. Desfourniel, Sarget, le marquis de Bryas, membres du conseil municipal, et de MM. Leupold, Billaudel, Blanc-Dutrouilh et Poitevin. Postérieurement, MM. Lartigue, Loze et Bertin, chimistes, et M. Laclotte, fils de l'aîné, architecte, ont été invités par M. le Maire à en faire partie.

Cette Commission s'est occupée du travail que vous atten-
diez d'elle, avec l'intérêt que devaient inspirer l'importance du
sujet et la confiance que vous lui accordez. Ses réunions ont
été fréquentes; elle s'est livrée à un grand nombre d'expériences; et quoiqu'elle ne puisse se flatter d'avoir résolu
complétement toutes les questions auxquelles donne lieu le
projet soumis à son examen, elle a l'honneur de vous présenter
son rapport, qui pourra du moins fournir à l'administration
quelques données pour l'apprécier.

Ce rapport comprendra :

1°. L'analyse du travail de M. Durand;

2°. L'examen des différentes parties de son projet, sous le
rapport de la possibilité de son exécution et des dépenses auxquelles il donnerait lieu;

3°. Quelques considérations sur les projets proposés à diverses époques pour procurer à la ville les eaux dont elle est
dépourvue.

La Commission n'a pu s'occuper des projets de nouveaux
travaux que vous aviez demandés à M. Durand; il paraît que,
d'après une décision prise postérieurement à votre arrêté, ils
n'ont pas dû être rédigés.

§. 1er. – ANALYSE DU PROJET DE M. DURAND.

C'est au moyen des eaux de la Garonne que M. Durand propose d'alimenter les fontaines de Bordeaux. Quelques réflexions sur les sources qui se trouvent dans la ville et aux environs l'ayant conduit à établir, comme une chose démontrée, qu'aucun des projets présentés jusqu'à ce jour ne donnait les moyens d'approvisionner la ville *d'une quantité suffisante de la meilleure eau possible*, et qu'il fallait renoncer aux eaux de source pour cet approvisionnement, ses idées se sont tournées vers l'emploi de l'eau du fleuve, dont la bonne qualité est depuis long-tems reconnue, lorsqu'elle est débarrassée des substances étrangères dont elle est toujours plus ou moins chargée.

Après avoir rappelé les essais infructueux tentés, il y a une trentaine d'années, par le sieur Alexandre, pour opérer la filtration en grand des eaux de la Garonne, M. Durand expose les moyens mis en usage à Paris dans un établissement particulier, mais formé sur une grande échelle, pour épurer les eaux de la Seine, et ce sont ces moyens qu'il propose d'appliquer, avec quelques modifications, aux eaux de la Garonne, en donnant aux constructions et aux appareils le caractère de grandeur et de solidité qui convient à un établissement formé par l'administration d'une grande cité.

Dans le projet de M. Durand, l'eau de la Garonne, avant d'être amenée sur les filtres, au lieu de reposer seulement trois ou quatre heures dans des cuves, comme dans l'établissement de Paris, resterait pendant trois jours au moins en repos dans

11

de vastes bassins, où elle déposerait les matières les plus pesantes qu'elle tient en suspension.

Ces bassins, au nombre de deux, chacun d'environ 1,600 mètres de surface, seraient construits au voisinage de la rivière (1); ils y communiqueraient par des aqueducs munis d'écluses, au moyen desquelles on y introduirait alternativement, tous les trois jours, une hauteur d'environ neuf pieds d'eau du fleuve.

La capacité de ces bassins a été calculée de manière à contenir non-seulement un approvisionnement suffisant pour trois jours, mais en outre une quantité d'eau assez considérable pour que, réservée au fond des bassins, elle pût servir à délayer les vases déposées pendant le repos, et les entraîner dans la Garonne lorsqu'à basse mer on ouvrirait les écluses.

Pendant que l'eau se clarifierait, par le repos, dans un des bassins, on puiserait dans l'autre l'eau déjà reposée; elle y serait prise toujours à la surface, et portée par une pompe mise en jeu, au moyen d'une machine à vapeur, dans l'un des bassins supérieurs d'un château d'eau, construit au voisinage des bassins de clarification; de là, elle serait distribuée sur deux cent deux filtres, chacun d'un mètre carré de surface, disposés dans les deux étages de bâtimens formant ailes, relativement au château d'eau.

Les filtres, composés de couches superposées de gravier, de charbon pulvérisé et de sable de rivière, devant être sem-

---

(1) M. Durand propose de placer ces bassins dans le chantier royal, vis-à-vis l'hospice des Enfans abandonnés, ou dans celui des chantiers de construction qui se trouvent immédiatement au-dessous du ruisseau de la Manufacture. Dans un supplément à son Mémoire, M. Durand a changé le mode d'introduction de l'eau de la Garonne dans les bassins.

blables, quant à leurs dimensions et à leur composition, à ceux qui sont employés à Paris, M. Durand a supposé que leur produit serait le même à surface égale ; et calculant d'après cette supposition, il a trouvé que les deux cent deux filtres donneraient en dix-huit heures (temps pendant lequel il juge convenable qu'ils fonctionnent chaque jour) un volume de plus de 1200 mètres cubes d'eau filtrée : or, cette quantité est supérieure d'environ 200 mètres à celle qu'il se propose de distribuer aux fontaines, et qu'il fixe à 987 mètres cubes, ou 51 pouces 4 dixièmes fontainiers.

Au sortir des filtres, l'eau se rendrait dans des citernes, d'où, au moyen d'une seconde pompe, elle serait de nouveau élevée dans un bassin établi sur le haut de la tour du château d'eau, à un niveau tel que les conduites qu'il alimenterait pussent déverser l'eau à 8 ou 9 mètres au-dessus du sol de la place Dauphine, point le plus élevé de la ville.

Le Mémoire dans lequel M. Durand expose ce projet, contient en outre quelques développemens sur la possibilité de son exécution, et est accompagné de dessins généraux des bassins et des bâtimens à construire, ainsi que d'un devis des dépenses.

D'après ce devis, que l'auteur lui-même ne regarde que comme approximatif, et dans lequel il porte une somme à valoir de 60,000 fr. pour cas fortuits et dépenses imprévues, les dépenses s'élèveroient :

1°. Pour la construction des bassins de clarification, du château d'eau et de ses bassins, des citernes et des caisses des filtres, à... 556,725ᶠ 24ᶜ

A reporter........ 556,725ᶠ 24ᶜ

Report...............	536,723ᶠ 24ᶜ

2°. Pour l'achat et le placement de la machine à vapeur, des pompes qu'elle doit mettre en jeu, des conduites intérieures, des robinets, cônes tronqués et autres accessoires pour distribuer l'eau sur les filtres, conduire l'eau filtrée dans les citernes et l'élever dans les bassins de distribution, à...................... 89,004 50

Ensemble, dépenses de premier établissement, relatives à la dépuration, à la filtration et à l'élévation de l'eau filtrée........... 625,727ᶠ 74ᶜ

3°. M. Durand évalue à 150 fr. par jour (54,750 fr. par an) la dépense du combustible pour la machine à vapeur, des substances filtrantes, de l'entretien de la machine et des bâtimens, et celle des journées d'ouvriers pour le service des filtres et de la machine.

Cette somme représente la rente à 5 p. %/₀ d'un capital de................................. 1,095,000 //

Ainsi, les 987 mètres cubes d'eau filtrée, (54 pouces ⁴/₁₀ fontainiers), rendus au sommet du château d'eau, exigeraient de la part de la ville, en frais de premier établissement, ou en capitaux placés pour servir une rente équivalente à la dépense journalière, une somme de..................................... 1,720,727ᶠ 74ᶜ

4°. Si, à cette somme, on ajoute celle de 814,683 14

A reporter........ 2,535,410ᶠ 88ᶜ

Report............ 2,535,410ᶠ 88ᶜ

à laquelle M. Durand évalue la dépense des
conduites pour la distribution de cette quantité d'eau par cinquante-trois fontaines publiques indiquées sur un plan de Bordeaux
joint au projet, et celle des fontaines elles-
mêmes, non compris les décorations dont
elles seraient susceptibles (1), on a la somme
totale de (2).................................. 2,535,410ᶠ 88ᶜ

représentant un intérêt annuel, à 5 p. %, de 126,770 fr.
50 cent. pour le prix auquel reviendraient à la ville 51 pouces
⁴/₁₀ fontainiers d'eau filtrée distribuée dans les fontaines publiques.

D'après cette évaluation, le pouce d'eau coûterait en capital
49,327 fr.,

Et le mètre cube reviendrait, par an, à 129 fr.,

Ou, par jour, à environ 36 centimes.

Et comme le mètre cube équivaut, à peu de chose près, à
quatre barriques bordelaises, il suit que chaque barrique d'eau
qui s'écoulerait chaque jour des fontaines, coûterait à la ville
environ 9 centimes.

---

(1) Dans cette somme de 814,685 fr. 14 cent., est comprise celle de 60,000 fr.
représentant le capital à 5 p. %/₀ de la dépense annuelle de 5,000 fr., à laquelle
M. Durand évalue les frais de réparation des conduites de distribution et des
fontaines.

(2) En capital, pour dépenses de premier établissement....... 1,380,410ᶠ 88ᶜ
En dépenses annuelles............................ 57,750ᶠ ᵘᶜ

Représentant en capital... 1,155,000 ″

    Total.. 2,535,410ᶠ 88ᶜ

§. II. – EXAMEN DU PROJET DE M. DURAND.

Il résulte de cette analyse rapide du Mémoire de M. Durand, que son projet est entièrement fondé sur la possibilité de clarifier en grand, et dans toutes les circonstances où se trouve la Garonne devant Bordeaux, les eaux de ce fleuve, d'abord par un repos de trois fois vingt-quatre heures, ensuite par la filtration à travers des couches de gravier, de sable et de charbon.

Déjà, et depuis long-tems, ces procédés de clarification sont connus et sont même mis en usage par plusieurs propriétaires dont les habitations avoisinent la Garonne, pour se procurer l'eau nécessaire à leur boisson. Il n'y a pas de maison de campagne sur les bords de l'eau, depuis Ambès jusqu'à Portets et au-dessus, qui ne soit pourvue de pierres à filtrer, et dans plusieurs endroits, elles ont été remplacées avec avantage par les fontaines filtrantes de Smith et Cuchet, composées sur les mêmes principes que les filtres de M. Durand. Dans la ville même, plusieurs familles ne font usage que de l'eau de la Garonne filtrée par ces fontaines ; mais avant la présentation du projet de M. Durand, leur dépuration en grand volume n'avait donné lieu à aucune expérience autres que celles du sieur Alexandre, quoique, dès 1816 et jusqu'en 1821, l'Académie royale des sciences de Bordeaux ait annuellement proposé cette question pour sujet d'un prix, et que cette Société ait reconnu la possibilité de parvenir à cette dépuration, en employant les moyens mis en usage à Paris dans l'établissement formé quai des Célestins.

On lit dans le rapport sur le concours pour l'année 1821, imprimé dans le recueil des Mémoires de l'Académie de la même année :

« Quoique les eaux de la Garonne soient bien plus chargées
» de matières hétérogènes que les eaux de la Seine à Paris,
» cependant les moyens qui sont employés pour clarifier l'eau
» de la Seine peuvent servir de données pour l'établissement
» d'un projet du même genre à Bordeaux » ;

Et cet article est suivi de la description de l'établissement formé à Paris, et des différentes opérations qui s'y exécutent.

Cette opinion d'une société savante, les résultats satisfaisans des filtrations opérées dans les maisons particulières, et le succès toujours croissant de l'établissement de Paris, auraient sans doute pu suffire pour motiver, de la part de la Commission, un avis favorable à l'emploi des procédés indiqués par M. Durand, puisqu'ils ne diffèrent pas de ceux mis en usage dans cet établissement ; cependant elle n'a pas cru devoir se dispenser de vérifier par elle-même, et autant que le permettraient les moyens qui seraient mis à sa disposition, chacun de ces procédés et les différentes bases sur lesquelles M. Durand a assis son projet.

Elle s'y est d'autant plus facilement déterminée, que M. Durand étant convenu que les expériences auxquelles il s'était livré sur les eaux de la Garonne pour obtenir les élémens de plusieurs de ses calculs, avaient été faites sur une très-petite échelle, il était essentiel de s'assurer si les résultats seraient proportionnels à ceux annoncés, tant pour le degré de clarification obtenu par le repos, que pour la promptitude et la perfection de la filtration, lorsque, d'une part, l'eau serait contenue dans des bassins d'une grande surface, et que, de l'autre, elle serait filtrée à travers des filtres d'une dimension égale à ceux proposés.

La Commission a pensé que ses expériences devaient être dirigées de manière à obtenir la solution des questions suivantes, ou du moins à approcher de cette solution, si on ne pouvait l'obtenir complétement.

1°. Quel est le tems nécessaire pour que, dans les diverses circonstances où se trouvent les eaux de la Garonne devant Bordeaux, elles se dégagent suffisamment, par le repos, des matières qu'elles tiennent en suspension, pour pouvoir se clarifier complétement par la filtration, et ne pas obstruer trop promptement les filtres ?

2°. Quelles sont les conditions les plus favorables à la promptitude de ce dépôt, c'est-à-dire, quelles devraient être les dimensions en surface et en profondeur des bassins de clarification, pour obtenir le dépôt le plus prompt et le plus parfait ?

3°. Jusqu'à quel point l'eau de la Garonne peut-elle être clarifiée, soumise uniquement au repos ?

4°. Quel est le délai après lequel il n'y aurait pas d'avantage marqué, relativement au degré de limpidité et à la promptitude de la filtration, à prolonger le séjour de l'eau dans les bassins ?

5°. Quelle est la quantité de ces dépôts et leur degré de densité, comparativement au séjour de l'eau dans les bassins et à la profondeur de ces bassins ?

6°. Quelle quantité d'eau peut fournir un filtre d'un mètre carré de surface, tels que ceux proposés par M. Durand ? Quelle sera la qualité de cette eau ?

7°. Dans quel délai deviendra-t-il nécessaire de changer les matières filtrantes ?

8°. A quelle somme peuvent être évalués les frais de changement de ces matières et ceux auxquels le service et l'entretien des filtres donneraient lieu (1) ?

Les expériences relatives à la clarification par le repos exigeaient des bassins de diverses capacités ; il était surtout à désirer qu'un de ces bassins eût des dimensions, si ce n'est égales à celles des bassins proposés, du moins telles que la différence en surface et en profondeur ne pût influer sur les résultats : mais de grands bassins, susceptibles d'être remplis à volonté d'eau de la Garonne, se trouvent difficilement à Bordeaux, et la Commission se serait vue dans l'impossibilité de faire des expériences en grand sur la clarification par le repos, si elle n'avait rencontré dans les nouveaux bains des Chartrons un bassin qui lui a paru d'une grandeur suffisante. Ce même établissement contenait de plus un bassin de plus petite dimension, des baignoires et des cuvettes en grand nombre, c'est-à-dire, une partie des appareils nécessaires aux expériences : on y trouvait en outre, pour le remplissage des bassins, leur évacuation et le placement des filtres, des dispositions qui devaient rendre ces expériences plus faciles. Sur la demande de M. le Maire à l'administration des bains, la Commission a pu faire usage du matériel de cet établissement pendant les trois mois qu'ont duré les expériences ; M. Bareyre, qui le dirige, ne s'est pas borné à le mettre à sa disposition ; il a concouru lui-

---

(1) Ces expériences ont été confiées aux soins d'une fraction de la Commission, composée de MM. Leupold, Billaudel, Lartigue, Loze, Bertin et Blanc-Dutrouilh, qui se sont formés en commission spéciale. Les séances de cette Commission ont été présidées par M. l'Adjoint de Maire, délégué pour les travaux publics, et plusieurs autres membres de la Commission générale y ont fréquemment assisté. M. Durand a constamment concouru aux expériences.

12

même aux expériences, et la Commission se plaît à reconnaître
que c'est à ce concours qu'elle doit d'avoir pu lever les difficultés que présentait l'exécution de quelques-unes de celles
qu'elle s'était proposées.

Le principal bassin qui a servi aux expériences de clarification, est situé dans la partie la plus élevée de l'établissement;
il se remplit d'eau de la Garonne, au moyen d'une forte pompe
dont le tuyau d'aspiration plonge dans la rivière à haute mer,
et qui est mise en jeu par une machine à vapeur.

Ses dimensions ont en longueur 21 pieds 6 pouces, en largeur 18 pieds 8 pouces, et 5 pieds 7 pouces en profondeur;
mais un retranchement pratiqué dans un des angles, forme
dans ce bassin un autre bassin de même profondeur et de
8 pieds 3 pouces sur 3 pieds 2 pouces; il communique à volonté avec le grand bassin, au moyen de robinets placés dans
le fond, sur une des parois formant la division.

Par là, la surface du grand bassin se trouve réduite à
368 pieds 8 pouces carrés; celle du petit n'est que de 26 pieds
1 pouce 6 lignes, et leur capacité totale, jusqu'au niveau du
tuyau de déversement ou de trop plein, est de 2075 pieds,
environ 71 mètres cubes.

La profondeur de ces bassins se trouvant moindre d'environ
4 pieds que celle des bassins proposés par M. Durand,
et cette circonstance pouvant influer sur la clarification, une
cuve de 10 pieds de profondeur et de 5 pieds de diamètre a
été placée dans la cour de l'établissement, de manière à pouvoir être remplie de l'eau du grand bassin.

Au moyen des canules placées sur les parois de cette cuve
de pied en pied, à partir du fond, on pouvait constater à volonté le degré de limpidité de l'eau à différentes profondeurs

au-dessous de la surface. De semblables robinets ne pouvaient être placés sur les parois du bassin ; mais on obtenait des échantillons de l'eau à diverses profondeurs, au moyen d'un syphon à longues branches.

Enfin, au moyen d'un syphon plus gros et d'un tuyau de pompe à incendie, l'eau du bassin pouvait être portée sur les filtres, qui pouvaient aussi être alimentés par les canules de la cuve.

Les filtres employés étaient de différente capacité ; outre plusieurs filtres d'essai, d'environ 36 pouces carrés de surface, la Commission a fait usage de deux filtres, chacun d'un mètre de côté, et d'un autre filtre de 56 centimètres de côté ou de $3,116^{c.}$ $10^{mill.}$ de surface.

Ces préparatifs n'ont pu être terminés avant le 25 Mars 1828 ; mais, à cette époque, l'eau de la Garonne s'est trouvée très-claire, et rien n'annonçait qu'en différant davantage, il survînt quelqu'une de ces crues désignées sous le nom de *soubernes,* qui amènent des eaux très-chargées et colorées, soit en rouge, soit en jaune, suivant que des pluies abondantes ont eu lieu sur les rives du Tarn et du Lot. Ainsi se sont vérifiés les pressentimens d'un des membres de la Commission, qui, dans une de ses premières séances, avait énoncé l'opinion que la saison des expériences était mal choisie, et qu'on en obtiendrait des résultats plus directs en les retardant jusqu'à la saison des crues, ou mieux jusqu'au mois d'Août ou de Septembre, époque à laquelle les fortes marées, balayant avec force les rives du fleuve, remettent en suspension dans ses eaux les vases déposées.

Dans ces circonstances, la Commission a considéré que, relativement au principal objet qu'elle se proposait, peu im-

portait que l'eau à clarifier et à filtrer fût identiquement celle
qui coule dans la Garonne lorsqu'elle est trouble, et que les
résultats devaient être à peu près les mêmes, si, puisant l'eau
de la rivière dans l'état où elle se trouvait, on la chargeait
artificiellement de vase délayée; que même ce moyen permet-
tant d'y introduire une quantité de vase supérieure à celle
qu'elle tient en suspension lorsqu'elle est la plus chargée, l'expérience serait plus décisive si on parvenait à la clarifier dans
ce *maximum* d'opacité.

Le grand bassin des bains a présenté le moyen de composer
sans beaucoup de difficulté cette eau trouble ; il n'avait pas été
nettoyé depuis plus de trois mois, et une couche de vase épaisse,
quoique non-solide, d'environ quatre pouces d'épaisseur, était
déposée dans le fond. Ayant vidé le bassin de manière à ce qu'il
n'y restât plus qu'un pied d'eau, la vase a été mêlée à l'eau par
une agitation prolongée pendant plus d'une heure, au moyen
de *râbles* que plusieurs hommes ne cessaient de remuer. Cette
action a continué pendant tout le tems qu'on a mis à remplir les
deux bassins d'eau de la rivière. La cuve a été ensuite remplie
de l'eau du bassin qu'on ne cessait d'agiter. On a ainsi obtenu
trois masses d'eau qu'on a pu supposer identiquement les mêmes,
et qui ont été soumises d'abord au repos, puis à la filtration.

Il a été reconnu que cette eau composée contenait en suspension une quantite de vase équivalente aux cent seize cent
millièmes de son poids. Pendant une *souberne* qui eut lieu le
1er. Avril, l'eau de la Garonne (colorée en rouge) ne contenait que vingt-deux cent millièmes de son poids de vase; ainsi
l'eau composée était environ cinq fois plus chargée que celle
de cette souberne, qui, à la vérité, ne fut que passagère et
peu considérable.

Les plumitifs des expériences et les procès-verbaux de la Commission spéciale, annexés à ce Rapport, contiennent le détail des nombreuses opérations auxquelles elle s'est livrée ; on y trouve aussi l'énonciation de diverses opinion sde ses membres, sur la cause de quelques anomalies qu'elles ont présentées dans leurs résultats, ainsi que des notes sur la théorie de la clarification et sur le perfectionnement dont les appareils de filtration paraissent susceptibles. Il ne sera pas inutile de recourir à ce recueil, si le projet de M. Durand est ramené à exécution ; mais il suffira sans doute de consigner ici ceux des résultats obtenus pour la clarification et pour la filtration qui paraissent être plus directement applicables à l'appréciation de ce projet.

§. 1er. — *Résultats des expériences sur la clarification par le repos.*

L'eau composée, qui, comme on l'a déjà dit, contenait les cent seize cent millièmes de son poids de vase, n'en a plus contenu, après trois fois vingt-quatre heures de repos, que quinze cent millièmes et demi.

L'eau de la Garonne, puisée à la même époque à l'embarcadère des bateaux à vapeur, n'en contenait, savoir : le 29 Mars, que quatre cent millièmes, et le surlendemain que huit cent millièmes. Ainsi, il y a des circonstances où l'eau de la Garonne non clarifiée par le repos, est moins trouble que l'eau composée pour les expériences après un repos de trois jours.

Pendant les deux premières heures de repos, la filtration des matières en suspension s'opère très-rapidement. On voit, d'après le tableau annexé aux procès-verbaux d'expérience, qu'après cet intervalle de tems, l'eau prise à la surface du grand bassin ne contenait plus que quarante-huit cent millièmes de vase, et après dix-neuf heures, que les vingt-sept cent millièmes. Les progrès de la précipitation sont ensuite beaucoup plus lents; la quantité de vase contenue dans l'eau de la surface du bassin, après 24, 48, 72, 96 heures de repos, est exprimée par les nombres 26, 20, 15, 13, chacune des unités de ces nombres indiquant des cent millièmes du poids de l'eau dans laquelle elle était en suspension (1).

La forme, et surtout la profondeur des bassins, a une influence marquée relativement à la promptitude de la précipitation. Il devait en être ainsi d'après les aperçus théoriques présentés par un membre de la Commission (2), et l'expérience l'a confirmé. On voit, par le tableau ci-dessus cité, que l'eau

---

(1) Ces divers phénomènes de la clarification des eaux troubles par le repos, avaient déjà été indiqués, quoique d'une manière peu exacte, par l'un des concurrens au prix proposé par l'Académie des sciences de Bordeaux.

On lit dans le Mémoire n°. 2, présenté au concours de 1821 :

« L'eau chargée au *maximum* de terre et autres matières, telle que se trouve » en certains endroits et en certains momens celle d'une rivière débordée, peut » tenir en suspension deux centièmes environ de matières hétérogènes. La même » eau, après un quart d'heure de repos, n'en contient plus que les deux mil- » lièmes ; enfin, chose incroyable ! ces eaux troubles..... en apparence si épaisses » et si opaques, après un repos de vingt-quatre heures, ne sont telles qu'aux dé- » pens de quelques molécules d'argile, etc., qui ne constituent pas les trois » dix millièmes de leur poids ; mais ce sont ces trois dix millièmes dont il est » si difficile de la débarrasser autrement que par la filtration ».

C'est sans doute par suite d'observations semblables sur la promptitude de la précipitation des matières les plus pesantes, qu'on se contente, dans l'établissement du quai des Célestins, à Paris, de laisser reposer les eaux de la Seine pendant trois ou quatre heures, avant de les faire passer sur les filtres.

(2) Aperçus analytiques sur la théorie de la clarification par le repos, par M Leupold, copiées à la suite de ce rapport.

de la surface de la cuve, quoique la même que celle du grand bassin, ne contenoit plus que 37, 17, 13, 11 et 12 cent millièmes de vase, après 2, 19, 24, 48 et 72 heures de repos (1).

Il est cependant permis de penser qu'une partie de cette différence est due à ce que l'eau du grand bassin placé au sommet de l'édifice, a été agitée par le vent, tandis que celle de la cuve, placée dans une cour entourée de hautes murailles, a été dans un état de plus parfait repos.

La loi des densités des différentes couches d'eau après un tems donné de repos, est difficile à conclure des expériences de la Commission, quoiqu'elles aient été nombreuses. Les résultats obtenus présentent plusieurs anomalies, dont quelques-unes s'expliquent par la théorie (2); on doit sans doute attribuer les autres à la difficulté d'apprécier d'une manière exacte d'aussi petites différences que celles qui existent dans la densité des couches très-peu distantes.

Le repos prolongé (même jusqu'à vingt-huit jours) ne suffit pas pour rendre parfaitement limpide l'eau surchargée de vase, comme l'était l'eau composée pour les expériences ; mais ce tems de repos, peut-être même un tems moins long, suffit pour rendre aussi claire que l'eau filtrée, l'eau prise dans le courant de la rivière, lorsqu'il n'y a ni souberne ni forte marée.

La quantité du dépôt devant nécessairement varier suivant le degré d'opacité des eaux, la Commission eût désiré pouvoir soumettre celles de la Garonne à l'expérience dans les diverses

---

(1) La hauteur de l'eau dans la cuve était double de la hauteur de l'eau dans le bassin.

(2) Aperçus analytiques sur la théorie de la clarification par le repos, par M. Leupold, copiés à la suite de ce rapport.

circonstances où se trouve ce fleuve; mais une période d'une année au moins eût été nécessaire; et, dès le 15 Mai, le local des bains, rendu à sa destination publique, ne pouvait plus être entièrement à la disposition de la Commission.

L'eau de la Garonne, la plus chargée qu'elle ait eu occasion d'examiner, n'a contenu que dix-huit grains de vase solide et desséchée, sur neuf livres d'eau, c'est-à-dire, environ demi-livre pesant de dépôt par tonneau de deux mille livres, dont le volume est à peu près un mètre cube. Cette eau était celle puisée le 1er. Avril, pendant une petite souberne; elle était évidemment moins trouble que celle qui coulait dans le fleuve pendant les mois d'Août et de Septembre derniers; et cependant cette dernière a paru moins chargée que ne l'était l'eau composée pour les expériences dans le bassin des bains (1).

§. II. — *Résultats des expériences sur la filtration.*

L'eau surchargée de vase préparée dans le bassin des bains et dans la cuve d'expérience, après avoir éprouvé un repos de trois fois vingt-quatre heures, a été parfaitement clarifiée par un filtre composé de couches disposées comme suit :

1°. Dans le fond, caillou brisé, une couche de 4 p^{ces}. d'ép^r.

2°. Charbon concassé, mêlé par moitié avec du charbon pilé plus fin (pulvérin)............ 6   //   //

3°. Sable de rivière......................... 5   //   //

4°. Caillou................................. 4   //   //

Cette eau était de la plus grande limpidité.

---

(1) Aucune expérience directe n'a fait connaître d'une manière précise la quantité de vase en suspension dans l'eau de la Garonne, en Août et Septembre.

L'eau de la Garonne a été filtrée sans repos préalable, et telle que la fournissait la pompe, les 24 et 25 Avril et les 7, 8 et 9 Mai. Dans ces deux séries d'expériences, dont la première a duré, sans discontinuité, vingt-six heures, et la seconde cinquante et une heures, l'eau fournie par les filtres a été constamment claire et brillante.

Dans les filtres composés pour ces deux expériences, l'épaisseur de la couche de charbon avait été réduite de six pouces à quatre pouces, puis à trois pouces et demi, et celle de sable également à quatre pouces.

L'épaisseur des couches des matières filtrantes et la hauteur totale de la colonne composée de ces matières, influe moins sur la limpidité de l'eau que le degré de division de ces matières. Ainsi, on n'a pu obtenir d'eau limpide en se servant d'un filtre composé uniquement de sable de rivière, quoique la couche en fût de deux pieds d'épaisseur, non plus que d'un autre filtre composé de même épaisseur de sable de rivière et de charbon concassé. Il a toujours été indispensable d'employer, au nombre des matières filtrantes, une couche plus ou moins épaisse de charbon pilé très-fin, presque en poussière, et pouvant passer à travers un tamis de cinq cent soixante-seize mailles au pouce carré. Un filtre uniquement composé d'une couche d'un pouce d'épaisseur de cette dernière substance, reposant sur des cailloux brisés et recouverts de deux pouces d'épaisseur de sable de rivière, a fourni de l'eau aussi brillante que les filtres dont les couches étaient plus épaisses.

Cependant cette épaisseur des couches doit être dans un certain rapport avec l'opacité de l'eau à filtrer; le même filtre qui donnait de l'eau parfaitement limpide n'a plus donné que

13

de l'eau louche, lorsqu'on a substitué à l'eau qui l'alimentait,
de la même eau dans laquelle on avait délayé à dessein une
grande quantité de vase.

Les produits des filtres soumis à l'expérience ont été très-
variables. A égale composition du filtre, ils dépendent principalement du tassement des matières filtrantes et de la charge,
c'est-à-dire, de la quantité d'eau dont la surface des matières
filtrantes est recouverte. Un tems plus ou moins considérable
(de demi-heure à une heure) est toujours nécessaire pour
que le filtre soit réglé, c'est-à-dire, pour que l'eau qu'il fournit
soit parfaitement claire et que son écoulement soit uniforme.

Dans les filtres également composés, mais de dimensions
différentes, les produits, à charge égale, n'ont jamais été proportionnels aux surfaces, celui dont la surface était moindre
ayant proportionnellement donné constamment davantage.
Ainsi, le filtre de 56 centimètres de côté ayant sa surface simplement recouverte de quelques lignes par l'eau à filtrer (ainsi
que cela a lieu pour les filtres de l'établissement de Paris), a
fourni, en terme moyen, 150 litres d'eau par heure, ou environ 2 mètres $^7/_{10}$ par dix-huit heures. Dans la proportion, le
filtre d'un mètre carré eût dû donner 480 litres par heure, ou
8 mètres $^6/_{10}$ en dix-huit heures, et ce produit eût été supérieur
à celui annoncé par M. Durand ; mais il n'a fourni, dans des
circonstances semblables, que 280 litres à l'heure, ou moins
des deux tiers de ce produit.

Cependant, en augmentant la charge d'eau et la portant à
dix pouces, ce même filtre a eu un écoulement égal et même
supérieur à celui annoncé, et cela sans que la limpidité de l'eau
ait été diminuée ; on a pu même porter cette charge à dix-huit
pouces, et augmenter ainsi beaucoup le produit de la filtra-

tion, sans que l'eau ait perdu de son brillant et de sa transparence.

Pendant la durée de ces expériences, dont certaines ont duré
vingt-quatre heures sous la même charge, on n'a pas remarqué que le produit diminuât, ni que la limpidité de l'eau fût
altérée par la continuité de la filtration ; il est même arrivé,
dans une de ces expériences, que la quantité d'eau a sensiblement augmenté dans les trois dernières heures que le filtre a
fonctionné (1). Rien n'a indiqué que les mêmes filtres, après
avoir fonctionné cinquante et une heures, fussent obstrués et
eussent besoin d'être recomposés, quoique, en supposant exacts
les renseignemens pris à l'établissement de Paris, on s'y croie
obligé de renouveler tous les jours, et même plusieurs fois
par jour, les matières qui composent les filtres de cet établissement.

De l'ensemble de ces faits, les membres de la Commission
qui se sont occupés des expériences, se sont crus autorisés à
conclure que la possibilité de clarifier en grand les eaux de la
Garonne par les procédés indiqués, était démontrée ; mais, en
même tems, ils ont reconnu que ces expériences sont insuffi-
santes, soit pour déterminer d'une manière précise les modifi-

----

(1) Cette augmentation de produits des filtres, après qu'ils ont fonctionné un
certain tems, a paru pouvoir être expliquée par cette considération, que des
matières très-divisées et qui ont aussi peu d'affinité avec l'eau, ou sont aussi peu
susceptibles de se mouiller que le charbon et le sable employés, retiennent entre
leurs molécules une grande quantité d'air, qui, se dilatant, forme dans l'intérieur
des filtres un grand nombre de bulles qui s'opposent à l'écoulement ; mais que,
lorsque par l'effet de la charge ou de la dilatation favorisée par une élévation
dans la température, ces bulles se crèvent, de nouveaux passages sont ouverts à
l'eau, et l'écoulement devient plus rapide. Un moyen d'éviter ces bulles, serait
probablement d'imbiber d'eau les matières filtrantes avant de les employer.

cations que ces procédés devraient subir pour obtenir du filtre d'un mètre carré de surface, sans être obligé de les charger d'une hauteur d'eau considérable, un produit en eau filtrée égal à celui fourni par les filtres de l'établissement de Paris, soit pour constater les diverses circonstances résultant de l'emploi prolongé de ces filtres et des bassins de clarification.

Relativement à la qualité de l'eau de la Garonne filtrée, les mêmes membres ont reconnu que cette eau était plus pure que celle d'aucune des sources de Bordeaux ou des environs; que cependant la filtration ne suffisait pas pour la dégager de la totalité des substances organiques qu'elle tient en dissolution; que la très-petite quantité qu'elle en contient encore se manifeste, après quelques jours de repos, par des végétations qui se forment, soit à la surface de l'eau, soit au fond des vases qui la renferment, et quelquefois, lorsque la température de l'atmosphère est très-élevée, par une odeur désagréable provenant de la décomposition de ces substances; mais que cette odeur n'est pas permanente, et que lorsqu'elle s'est dissipée, l'eau est aussi agréable à boire qu'elle l'était avant que la décomposition eût lieu.

La Commission, adoptant ces conclusions, s'est occupée des moyens proposés pour l'exécution, et d'abord des bassins de clarification par le repos, l'une des parties les plus importantes du projet.

D'après le premier travail présenté par M. Durand, ces bassins devaient se remplir à haute mer, et se vider entièrement à basse mer, dans toutes les circonstances où se trouve le fleuve, et cependant contenir, lorsqu'ils seraient pleins, une hauteur d'eau de trois mètres.

La Commission s'est convaincue de l'impossibilité de cons-

truire sur les bords de la Garonne, devant Bordeaux, des
bassins qui remplissent ces trois conditions.

En effet, pour qu'elles pussent avoir lieu conjointement, il
faudrait qu'il existât une différence de niveau de 5 mètres au
moins entre le point où parvient la haute mer la plus faible, et
celui de basse mer la plus élevée : or, dans le temps de la
forte *souberne*, la Garonne, à basse mer, se maintient au
contraire quelquefois à un niveau supérieur à celui qu'elle atteint dans les faibles marées de l'année.

Hors le tems de souberne, il arrive fréquemment que la
rivière, à basse mer, ne descend que d'un mètre à 1 mètre
50 centimètres au-dessous de ce point.

Il suit de là que les bassins proposés ne pourraient ou se
remplir ou se vider entièrement pendant plusieurs jours de
l'année, même autres que ceux de souberne, s'ils avaient une
profondeur plus grande qu'un mètre ou 1 mètre 50 centimètres ; car on ne pourrait donner au dallage de ces bassins
et des canaux inférieurs une pente moindre de 50 centimètres
pour procurer l'écoulement des eaux troubles et des vases
déposées (1).

---

(1) Ces résultats sont déduits d'observations garonimétriques faites au pont de
Bordeaux pendant les années 1818, 1820, 1821, 1822 et 1825. Les registres de
ces observations ont été communiqués à la Commission par un de ses membres,
et un extrait indiquant la plus petite et la plus grande hauteur de la basse mer,
ainsi que la plus petite hauteur du plein mer de chaque mois pendant ces cinq
années, est joint au dossier que remet la Commission. Mais cet extrait ne peut que
bien imparfaitement suppléer aux registres eux-mêmes, pour faire connaître toutes
les circonstances du régime de la Garonne, sur lesquelles il est cependant si nécessaire d'être fixé dans les occasions fréquentes où l'on a à s'occuper d'établissemens sur le fleuve ou sur ses rives.

La série d'observations qu'ils contiennent est d'autant plus précieuse, qu'elle est

M. Durand ayant lui-même reconnu que ces bassins ne pourraient fonctionner de la manière qu'il l'avait d'abord conçu, a rectifié cette partie de son projet. Dans un supplément à son premier travail, remis à la Commission le 27 Janvier dernier, il propose d'établir le sol des bassins à une hauteur suffisante pour que, dans les tems où la basse mer est la plus élevée, l'eau qu'ils contiennent pût s'écouler entièrement avec une pente convenable; et comme, d'après cette disposition, et en limitant même leur profondeur à 2 mètres 50 centimètres, la Garonne n'atteindrait leur bord supérieur que dans les très-hautes marées, et qu'environ la moitié de l'année seulement la haute mer les remplirait à moitié, il propose d'achever de les remplir au moyen de fortes pompes mises en jeu par la machine à vapeur de l'établissement.

Ce projet a, sur le premier, outre l'avantage de la possibilité d'exécution, celui de permettre de remplir les bassins d'eau moins chargée que celle qui y parviendrait naturellement par des aqueducs. En effet, la pompe pourrait aspirer l'eau dans la rivière à une certaine distance des bords, avant qu'elle fût salie de cette portion de vase que l'agitation des flots soulève en balayant les rives. Sous un autre rapport, cette disposition favoriserait la construction des bassins, parce

---

unique; il serait infiniment à regretter que des documens aussi importans et aussi difficiles à se procurer, fussent perdus pour la ville de Bordeaux; probablement M. Deschamps, directeur du pont de Bordeaux, aux soins de qui on les doit, consentirait à ce qu'il en fût pris copie.

La Commission a l'honneur de proposer à M. le Maire de lui en demander l'agrément, et de faire ensuite déposer cette copie à la bibliothèque publique ou dans les archives de l'Académie.

Plus tard, et si l'établissement proposé pour l'eau filtrée avait lieu, quelques soins suffiraient pour faire continuer cette série d'observations.

que, dispensé de les creuser à une aussi grande profondeur et aussi près des bords de la rivière, on rencontrerait probablement un sol plus consistant pour établir les murs de soutènement et le dallage du fond.

Cependant, quelles que soient les améliorations apportées au projet par ces modifications, la Commission regarde l'établissement de ces immenses bassins comme offrant encore de grandes difficultés : ils doivent être construits de manière à ce que, non-seulement ils contiennent exactement les eaux de rivière dont on les remplira, mais encore ils doivent être à l'abri de l'introduction des eaux extérieures. Or, la Commission doute qu'un simple dallage du fond, portant immédiatement sur le sol, fût suffisant pour remplir cet objet et pour empêcher que la pente ne fût bientôt dérangée par suite des tassemens inégaux qui infailliblement auraient lieu. Une couche de bonne maçonnerie, de deux à trois pieds d'épaisseur, reposant sur un fort grillage, qui, occupant toute la surface inférieure des bassins, se relierait avec les murs de soutènement, lui paraîtrait indispensable pour obtenir sur ce point la solidité désirable.

Mais elle croit devoir principalement insister sur la nécessité de donner à ces bassins et aux aqueducs d'évacuation une pente assez considérable pour que les eaux bourbeuses résultant du dépôt pussent se projeter dans la rivière lorsqu'on ouvrirait les écluses, assez loin pour atteindre le fort courant et être entraînées par lui, sans quoi il serait à craindre qu'il ne se formât au-devant des aqueducs, après un tems plus ou moins long, une barre de vase semblable à celle qu'on observe au bas de tous les points de nos quais, où sont établis des laveurs de cale.

Dans tous les cas, il serait à désirer, sous une infinité de rapports, que l'étendue en surface des bassins de clarification fût réduite autant que possible. Déjà les expériences ont fait connaître qu'il y avait avantage, pour obtenir une plus prompte précipitation de la vase, à augmenter leur profondeur ; et, d'autre côté, il paraît résulter des mêmes expériences, que, dans l'état le plus ordinaire de l'eau de la Garonne, un repos de vingt-quatre heures, et peut-être de moindre durée, suffirait pour obtenir un degré de clarification tel que les filtres ne s'obstrueraient pas trop promptement.

S'il en était ainsi, et la Commission, sans se permettre de l'affirmer, le croit du moins probable, les bassins à construire pourraient avoir moins du tiers en surface que ceux proposés.

Outre l'économie de construction et d'entretien, la Commission y verrait la possibilité de couvrir et de renfermer ces bassins, chose essentielle pour rassurer sur la crainte que des malveillans n'y jettent des substances nuisibles, et encore pour qu'on fût moins exposé à des interruptions de service pendant les hivers où le froid serait assez intense et assez prolongé pour que l'eau s'y glaçât à une grande profondeur. On conçoit la possibilité d'entretenir les appareils de filtration dans un atmosphère d'une température assez élevée pour que la filtration puisse toujours s'opérer : mais quels moyens d'empêcher de se glacer une masse d'eau en repos dans des bassins découverts et entièrement exposés à l'air ?

Les autres dispositions du projet de M. Durand ont paru à la Commission bien entendues. Le château d'eau et les bâtimens qui en forment les ailes sont convenablement appropriés à leur destination, tant pour leur distribution que relativement au mode de construction.

La Commission a seulement remarqué que les murs de refend de la petite cour sont un peu faibles, en ce qu'ils ont une grande hauteur et qu'ils contribuent à porter les bassins placés sur la plate-forme : il paraîtrait donc convenable que ces murs eussent la même épaisseur que ceux transversaux qui donnent sur les deux autres côtés de cette petite cour.

Les réservoirs ou bassins du château d'eau ne seraient, d'après M. Durand, formés que par un contre-mur en beton hydraulique de 35 centimètres d'épaisseur, appliqué sur les voûtes et sur les parois de la tour. Mais, dans notre climat, les betons les mieux composés se détériorent promptement lorsqu'ils sont alternativement exposés à l'eau et à l'air. Un revêtement en pierre dure ne suffirait même pas pour mettre à l'abri des filtrations, parce que ces bassins, contre les parois desquels l'eau exercerait une poussée considérable, se trouvant placés au sommet d'une tour élevée, participeraient de mouvemens pendant long-tems inévitables dans une maçonnerie qui s'asseoit.

Des bassins en plomb, établis sur une forte charpente en grillage, paraissent seuls propres à être admis dans une semblable disposition; ils ne coûteraient guère plus que des bassins en pierre dure, et auraient l'immense avantage de permettre de reconnaître et de réparer facilement les moindres filtrations.

Les profils décorant la partie extérieure de l'édifice ont paru susceptibles de quelques modifications; mais la Commission reconnaît que, sur un dessin d'une aussi petite échelle, il est impossible de bien caractériser ces profils, et que ce n'est que par des études en grand que l'on peut s'en rendre compte; elle croit que si le projet proposé est ramené à exécution, la

14

Mairie peut s'en rapporter, pour cette décoration, au goût épuré de M. Durand.

Le devis est très-succinctement rédigé ; un travail de cette importance et de premier établissement devrait être appuyé de sous-détails pour la composition des prix de chaque espèce d'ouvrage, et d'un cahier des charges pour éclairer les entrepreneurs sur les divers modes de construction, et par suite, donner à l'architecte les moyens coërcitifs dont il pourrait avoir besoin pour obliger ces entrepreneurs à remplir les obligations qui leur seraient imposées ; mais son auteur a sans doute pensé que les résultats de ses calculs suffiraient pour le moment, sauf à donner plus tard à son travail tout le développement nécessaire.

Quant à ces résultats eux-mêmes, la Commission ne peut les regarder que comme approximatifs et susceptibles de beaucoup de modifications qu'y apporteront nécessairement la connaissance qu'on acquerra du sol où les constructions seront établies, et un grand nombre de cas imprévus. Le chapitre des frais journaliers peut en particulier présenter des sommes très-différentes de celles qui sont annoncées. Sur le plus grand nombre de frais désignés sous ce titre, la Commission n'a pu se procurer des renseignemens suffisans pour les évaluer d'une manière exacte.

Cependant, si, d'un côté, il n'est pas exact de conclure le montant des frais pour l'achat des matières filtrantes, leur lavage, la composition et le remplacement d'un nombre considérable de filtres, d'après les dépenses de même genre qu'a exigé le petit nombre de filtres employés pour les expériences, d'autre côté, la Commission croit qu'on peut avec aussi peu de certitude évaluer ces frais, comme l'a fait M. Durand, d'après

ceux de l'établissement de Paris : la différence est trop grande
dans les deux établissemens relativement à l'étendue des bâtimens, la disposition des appareils et le genre des bassins de clarification ; probablement elle le serait encore davantage quant
à l'administration intérieure : elle est établie à Paris avec cette
parcimonie particulière aux entreprises industrielles, et qu'il
serait aussi difficile d'atteindre qu'inutile d'espérer dans un établissement public, qui ne peut et ne doit s'attribuer qu'une
portion de la surveillance exercée par M. le Maire ou MM. ses
Adjoints sur le grand nombre d'objets dont ils ont à s'occuper.

La dépense du combustible pour faire agir la machine à vapeur paraît avoir été convenablement appréciée par M. Durand ;
mais elle devrait être augmentée depuis que, par le supplément à son projet, la machine devant mettre en jeu de nouvelles pompes pour remplir d'eau de la Garonne les bassins
de clarification, il devient nécessaire d'avoir une machine d'une
plus grande puissance, fonctionnant plus long-tems et à des
heures où, d'après le premier projet, elle aurait pu être en
repos, ou mieux une seconde machine. En outre, M. Durand
ne porte qu'à 7 fr. par jour l'entretien de cette machine et de
la totalité des bâtimens : or, il résulte de documens certains,
que cette somme est de beaucoup trop faible, et devrait être
au moins quintuplée pour couvrir uniquement les frais du service et de l'entretien de la machine à vapeur (1).

_____

(1) L'administration des bains s'est abonnée à 15,000 fr. par an (environ 43 fr.
par jour) pour le salaire des chauffeurs, la fourniture d'huile et de graisse, la surveillance, l'entretien et la réparation des machines des deux établissemens. Postérieurement, cette somme a été réduite à 10,000 fr. (environ 28 fr. par jour), à
cause de l'inaction presque constante de la machine de l'un des établissemens ;
mais dans l'une ni dans l'autre de ces sommes, ne sont pas comprises celles représentant l'altération des chaudières et des fourneaux.

§. III.

Parvenue à ce point de son rapport, la Commission croit devoir présenter quelques considérations sur la quantité d'eau qu'il convient de fournir à la ville, ainsi que le résumé des différens moyens qui, avant la présentation du travail de M. Durand, avaient été proposés pour la procurer.

La quantité d'eau qu'une ville doit mettre à la disposition de ses habitans, n'a jamais été déterminée d'une manière précise. Les auteurs qui s'en sont occupés varient considérablement dans leurs évaluations. Certains d'entr'eux ont regardé comme de nécessité première l'irrigation des rues et la décoration des places, tandis que d'autres se sont bornés à calculer l'eau rigoureusement nécessaire à une partie des usages domestiques. Les besoins de cette dernière espèce ne peuvent même être appréciés pour une longue période, parce qu'ils sont dans un certain rapport avec l'aisance progressive dans toutes les classes de la société. On a observé que les progrès de la civilisation, la plus grande propreté des logemens de la classe inférieure, l'usage plus général et plus fréquent des bains, et les soins de propreté exigés par l'hygiène, plus sévèrement prescrits par la médecine, ont augmenté considérablement la consommation de Paris, et probablement les mêmes causes auraient à Bordeaux un résultat semblable, s'il était possible de s'y procurer l'eau avec une égale abondance.

Il résulte de détails précis d'économie domestique, recueillis par la Commission, que, dans un ménage jouissant d'une certaine aisance, il se consomme environ six litres d'eau par individu et par jour, uniquement pour la boisson, pour la

cuisson des alimens et les soins de propreté personnelle (1);
mais que cette quantité doit être au moins triplée pour fournir
en même tems au nettoiement des divers ustensiles de ménage, au lavage des cuisines et de leurs accessoires, aux bains
et aux menus blanchissages accidentels (2). Cette évaluation ne
diffère guère de celle d'après laquelle on suppose qu'un pouce
fontainier d'eau est nécessaire pour 1000 habitans (3); mais
il ne faut pas perdre de vue qu'elle ne comprend que la quantité d'eau indispensable pour l'ensemble des besoins domestiques; et il reste à pourvoir, pour le service général d'une
ville, aux cas d'incendie, à l'irrigation, à l'embellissement et à
la décoration des promenades et des places.

Il est possible qu'à Bordeaux l'usage où l'on est de construire des puits dans le plus grand nombre des maisons, usage
qu'on ne peut trop désirer de voir se continuer, dispense l'administration de la nécessité de fournir aux habitans une partie
de l'eau indispensable pour les lavages intérieurs, et qu'elle
pût destiner à l'irrigation et à la décoration des lieux publics
la portion qui devrait y être employée; mais, même dans cette
supposition, le pouce d'eau par 1000 habitans paraîtrait devoir
être, du moins dans les circonstances actuelles, le *minimum*
de l'eau à fournir à Bordeaux; ce qui porterait à 110 pouces
environ la totalité de l'eau à fournir; et comme, d'après les

---

(1) M. de Bruyères accorde pour cet objet 6 litres ⁹/₁₀ par habitant.

(2) Dans les villes du midi de la France, où l'on peut se procurer de l'eau en
abondance, la consommation d'eau dans les familles peu aisées est très-considérable, parce que tout le blanchissage s'y fait à domicile : la mère de famille s'en
occupe elle-même en surveillant ses enfans.

(3) Le pouce d'eau contenant 19195 litres, distribué à 1000 personnes, donne
19 litres et environ ²/₁₀ par personne.

calculs de M. Durand, la source d'Arlac en donne environ 10 pouces, il faudrait se procurer d'ailleurs environ 100 pouces fontainiers d'eau, ou 1900 mètres cubes d'eau par jour.

Antérieurement au travail de M. Durand, divers projets avaient été proposés pour la procurer à la ville.

Les plus anciens sont ceux indiqués dans le Mémoire composé en 1787, sur l'invitation de MM. les Jurats (1) ; viennent ensuite les projets de M. Lobjeois, dont le Mémoire fut imprimé en 1791, par ordre de l'administration municipale (2). Depuis, la Société de médecine (3) et l'Académie des sciences de Bordeaux (4) ont, à différentes fois, ramené l'attention sur ce point important d'hygiène publique. On doit à cette dernière Société des recherches qui ont démontré qu'à une époque très-reculée, Bordeaux recevait, par un aqueduc de 12 à 13000 mètres de développement, les eaux des sources existantes sur les bords de l'Eau Blanche, près le moulin de Vayres, et des nivellemens exacts de cet aqueduc et d'une partie du cours de l'Eau Bourde jusqu'à Bordeaux. On a déjà eu occasion de rappeler qu'elle s'est aussi occupée des moyens de clarifier en grand les eaux de la Garonne, et que ceux qu'elle a indiqués sont précisément les mêmes qu'emploie M. Durand.

---

(1) Mémoire sur la possibilité d'établir à Bordeaux un nombre suffisant de fontaines, par MM. Larroque, Bonfin, Thiac et Blanc ; un vol. in-4°., Bordeaux, Racle.

(2) Mémoire relatif à l'établissement d'un plus grand nombre de fontaines publiques à Bordeaux, par M. Lobjeois, ingénieur hydraulique et mécanicien ; in-4°., Racle, 1791.

(3) Tableau des améliorations dont la ville de Bordeaux est susceptible sous le rapport de la salubrité ; in-8°., Bordeaux, Lawalle, 1817.

(4) Prospectus des prix de l'Académie royale des sciences de 1816 à 1821 ; recueil de l'Académie pour l'année 1821, pag. 87 et suivantes, et recueil pour l'année 1826, pag. 40 et suivantes, et pag. 125 et suivantes.

De pareils travaux sur un objet aussi important pour la cité, assurent à tous ceux qui s'en sont occupés des droits à la reconnaissance publique : les auteurs du Mémoire de 1787, particulièrement, ont paru à la Commission mériter de sa part une mention spéciale ; les premiers, ils ont recueilli et fait connaître un grand nombre de faits essentiels, et ils ont émis, sur la possibilité de procurer à Bordeaux un nombre suffisant de fontaines, des idées aussi remarquables par leur justesse que par la manière dont elles sont développées.

Dans ce Mémoire, ainsi que dans celui de 1791, on ne proposait de faire usage que d'eau de source ; mais avec cette différence que, dans le premier, on donnait la préférence aux sources éloignées qui pouvaient arriver à la ville par leur propre pente, en assignant à chacune de ces sources les quartiers auxquels sa hauteur lui permettait de fournir (1), tandis que, dans le second, M. Lobjeois, tout en faisant usage de celle de ces mêmes sources qui se trouve la plus rapprochée, et qui devait fournir aux quartiers les plus bas, proposait, pour compléter l'approvisionnement de la ville, de réunir à la source de Figuereau quelques-unes des sources qui l'avoisinent, et d'en élever 64 pouces par une machine à vapeur, de manière à établir des fontaines sur les points les plus élevés.

Ainsi, le projet de M. Lobjeois était mixte, et offrait ce point de ressemblance avec celui de M. Durand, que, comme

---

(1) Ces sources sont les sources de Mérignac, destinées à fournir la place Dauphine et les quartiers les plus élevés de la ville ; la source d'Arlac, à laquelle on conservait toute la pente qu'elle perd en se réunissant à celle du Tondut ; enfin, cette dernière source, réunie à la source d'Artiguemale ou des Carmes, destinée aux quartiers les plus bas.

ce dernier, il proposait d'élever l'eau par une machine; mais il en élevait une quantité plus considérable (64 pouces au lieu de 51), et ces eaux, naturellement claires, n'avaient besoin d'être soumises à aucun procédé d'épuration ; en outre, il amenait, au moyen de simples conduites, une source abondante, de manière à ce que la ville aurait pu disposer de 100 à 110 pouces d'eau.

Sous ce rapport, ce projet paraîtrait, plutôt que celui de M. Durand, avoir droit au titre de *Projet général* de fontaines publiques, puisque la quantité d'eau qu'il aurait procurée, s'il avait été mis à exécution, approche davantage de celle qui est nécessaire à la consommation en tout genre. A cet égard, il ne cédait qu'à celui de 1787, qui bornait, il est vrai, à 66 pouces l'eau de source à distribuer, mais émettait l'idée d'amener à Bordeaux le ruisseau entier de l'Eau Bourde, pris à Gradignan, dont le volume des eaux est plus que suffisant pour fournir à lui seul à tous les besoins d'une grande cité.

La Commission a cru qu'il ne serait pas inutile de soumettre chacun de ces projets à un nouvel examen, dans l'objet de rechercher s'il était survenu des circonstances d'où résulterait l'impossibilité de les ramener à exécution, soit dans leur ensemble, soit dans quelque-unes de leurs parties, et dans le cas contraire, quelles seraient les modifications dont ils pourraient être actuellement susceptibles.

S'occupant d'abord du projet de M. Lobjeois, comme plus analogue à celui de M. Durand, quoique, sous plusieurs rapports, ce ne soit pas celui qui, dans son opinion, mérite la préférence, elle a reconnu que toutes les sources avoisinant Figuereau, désignées par cet ingénieur, existaient actuellement, et qu'elles paraissaient donner un produit égal à celui

auquel elles avaient été évaluées par lui ; que même on pouvait y joindre celle de Lagrange, dont M. Lobjeois n'avait
pas tenu compte, et dont on évalue le produit à 15 pouces ;
de sorte qu'en réunissant toutes ces sources, il paraît qu'on
pourrait disposer de 79 pouces d'eau, ou au moins de 75, en
réduisant à 7 pouces le produit de Figuereau, que cet ingénieur avait porté à 11 (1).

Ainsi, si ces sources appartenaient toutes à la ville, il n'y
aurait nulle impossibilité à y puiser cette quantité d'eau et à
la distribuer aux fontaines publiques.

Mais actuellement, non plus qu'en 1791, les sources Dublan,

---

(1) M. Lobjeois proposait, page 53 de son mémoire, de prendre :

38 pouces des sources Dublan et Savignac, qui, d'après son jaugeage, en
donnent 41 ;

16 des sources Sallebert ou Rivière, jaugeant 17 pouces ;

10 pouces enfin de la source de Figuereau.

—————

64 pouces ensemble.

Ces sources n'ont pas été jaugées par la Commission ; mais, à l'exception de
celle de Figuereau, elles ont paru à ceux de ses membres qui les ont visitées,
donner le produit annoncé. Un nouveau jaugeage serait indispensable avant de
donner suite à aucun projet.

Sans doute les eaux de ce quartier sont classées, par suite de l'analyse qu'en
ont faite divers chimistes (M. Villaris, premier tableau annexé au mémoire de
1787 ; MM. Billaudel et Lartigue, tableau annexé aux mémoires de l'Académie
des sciences pour l'année 1821, et plus récemment M. Lartigue, tableau annexé
au mémoire de la même Société, année 1826), dans un rang inférieur, relativement à leur pureté, à celui qu'occupent les eaux de la Garonne filtrées, et même
celles de la source d'Arlac ; mais, surabondamment à ces analyses, l'usage ha-
bituel, et qui n'a été suivi d'aucun inconvénient, qu'on fait depuis long-tems
à Bordeaux des eaux de Figuereau et de Lagrange, auxquelles celles de Rivière et
de Dublan sont supérieures, prouve que les carbonates, les sulfates et les mu-
riates qu'elles contiennent, sont en trop petite quantité pour influer d'aucune manière sur l'économie animale.

15

de Rivière et de Lagrange, qui, avec celle de Figuereau, fourniraient cette masse d'eau, ne sont pas à la disposition de la mairie. On a même formé depuis une quinzaine d'années, à Rivière, un établissement pour le blanchissage du linge. Cet établissement a été construit à grands frais, et peut-être les prétentions du propriétaire seraient hors de la proportion avec la valeur réelle de l'indemnité à laquelle il aurait droit. S'il en était ainsi, on serait obligé de renoncer à cette source. Dans ce cas, la quantité d'eau serait réduite à 58 pouces, et la ville ne devrait acheter que les sources Dublan et Lagrange.

On a lieu de croire que cet achat serait possible; peut-être cependant que les propriétaires ne voudraient pas séparer les sources, des établissemens et terrains où s'exercent les industries qu'elles alimentent; dans ce cas, la ville serait forcée d'acheter l'ensemble des deux propriétés, sauf à revendre ce qui, dans les deux localités, ne serait pas immédiatement inhérent aux sources.

Evaluant l'établissement Lagrange et le domaine entier Dublan d'après leurs revenus, le prix n'en dépasserait pas probablement 220,000 fr., et de cette somme il faudrait soustraire le prix que produirait la vente d'une quantité très-considérable de terrains.

Même en supposant que les sources seules reviennent à ce prix, ce qui est évidemment très-exagéré, et qu'on dût ajouter 25 pour 100, à raison de l'élévation survenue dans les prix, à toutes les dépenses détaillées par M. Lobjeois, sous le titre de *Dépenses extérieures* (pag. 66 et suivantes de son Mémoire), on obtiendrait pour une somme de 535,000 fr., outre la propriété des sources, toutes les conduites, les réservoirs et deux châteaux d'eau, placés, l'un à la place Dauphine, un second au Jardin-Public, avec un regard à la place Tourny (1).

Or, cette somme n'est qu'équivalente à celle indiquée par M. Durand, uniquement pour les constructions indispensables à la filtration de 54 pouces d'eau filtrée qu'il propose d'élever.

Quand on supposerait que le produit des sources réunies ne fût qu'égal à la quantité d'eau qu'on obtiendrait de la filtration, et que les frais pour l'établissement et le service journalier de la machine à vapeur fussent les mêmes, quoiqu'ils dussent être beaucoup moindres dans le projet de M. Lobjeois (2), il y aurait encore économie considérable à exécuter ce dernier projet.

En effet, on éviterait les frais journaliers de filtration, de renouvellement de filtres, de dévasement des bassins, qui, évalués par M. Durand à 53 fr. par jour, s'élèveraient probablement plus haut, mais qui, même d'après cette évaluation, forment une somme annuelle de 19,345 fr., représentant la rente d'un capital de de 586,900 fr.

On épargnerait aussi tous les frais de premier établissemens intérieurs nécessaires à la filtration; mais une plus grande

---

(1) M. Lobjeois a calculé ses devis dans la supposition que 64 pouces d'eau seraient amenés par des conduites en fer, et que ces conduites seraient *doubles* afin d'éviter l'interruption du service des fontaines, ainsi que cela a lieu inévitablement lors des réparations que les conduites exigent, quand on ne fait usage que d'une conduite unique.

(2) D'après le projet de M. Durand, la machine à vapeur aurait à mettre en jeu trois systèmes de pompes : celui destiné à remplir les bassins de clarification; celui au moyen duquel l'eau reposée serait déversée sur les filtres; enfin celui par lequel l'eau filtrée serait portée des citernes au sommet du château d'eau. Dans le projet de M. Lobjeois, l'action de la machine à vapeur serait bornée à ce dernier emploi, et par suite, la machine devrait avoir une puissance beaucoup moindre.

économie aurait lieu pour les conduites de distribution dans la ville, parce que la somme ci-dessus indiquée comprenant, d'après les calculs de M. Lobjeois, toutes les dépenses nécessaires pour amener l'eau des sources dans les châteaux d'eau de la place Dauphine et du Jardin-Public, on seroit dispensé d'employer, pour leur distribution dans les autres quartiers de la ville, ces conduites principales, qui forment un article de 257,000 fr. dans le devis de M. Durand.

Quant à la seconde partie du projet de M. Lobjeois, relative à la conduite de la source d'Artiguemale, la Commission s'est convaincue qu'elle n'éprouverait pas plus d'obstacle qu'en 1791 pour être ramenée à exécution.

Le produit de cette source a sensiblement diminué sur la fin de l'automne dernier, et les plus vieux habitués des environs ne l'ont jamais vue aussi basse. Deux des membres de la Commission se sont assurés que, même après cette sècheresse extraordinaire, elle fournissait au-delà de 24 pouces fontainiers, et ce volume est assez considérable, quand même il ne serait jamais supérieur, pour que la Commission considère cette source comme devant mériter, sous tous les rapports, l'attention particulière de l'administration (1).

---

(1) On se tromperait beaucoup si on jugeoit du produit de cette source par l'eau qui coule des jets de la fontaine; il existe une communication, soit accidentelle, soit pratiquée à dessein, entre le réservoir où se trouvent les sources et la pièce d'eau inférieure; on s'en est convaincu en ouvrant entièrement les pelles de la pièce d'eau : à mesure qu'elle se vidait, l'eau baissait dans le réservoir de la fontaine. On n'a pu évaluer le produit de la source qu'en mesurant la surface de la pièce d'eau, et le tems qu'elle a mis à se remplir d'une hauteur déterminée; et cette évaluation peut être regardée comme un *minimum*, parce que les pelles fermaient mal, et qu'on n'a pas tenu compte de toute l'eau qu'elles laissaient échapper. Dans le Mémoire de 1787, le produit de la source est porté à 34 pouces; M. Lobjeois

Ses eaux, d'après l'analyse qu'en a faite récemment M. Lartigue, se rapprochent par leur pureté de celles d'Arlac, et
ne le cèdent qu'à l'eau de la Garonne filtrée; elles peuvent
arriver à Bordeaux par leur pente naturelle, et alimenter les
fontaines établies aux places du Poisson-Salé, Saint-Projet,
Sainte-Colombe, à la place Royale, et dans toute l'étendue
du port; enfin, la source est assez rapprochée de Bordeaux
pour que la dépense des conduites ne soit pas hors de proportion avec son produit.

D'après le Mémoire de 1787, ces frais s'élèveraient à
520,699 fr., y compris ceux de réunion de la source du
Tondut, qui en augmenteraient le produit de 5 pouces, et
ceux de distribution dans l'intérieur de la ville. D'après M.
Lobjeois, ils s'élèveraient, en employant une conduite double
pour toute la partie hors de la ville, à 369,000 fr. Faisant
subir à cette dernière évaluation une augmentation de 25 p.
100, et y ajoutant environ 80,000 fr. pour l'achat de la
source et les indemnités des terrains dans lesquels on établi-
rait les conduites (1), les 30 pouces d'eau que fourniraient,
dans les circonstanses les plus défavorables, les deux sources
réunies, reviendraient à la ville à environ 540,000 fr., ou
le pouce d'eau à 18,000 fr. : or, on n'a pas oublié que, dans
le projet de M. Durand, le pouce d'eau filtrée coûterait au
moins 49,000 fr.

---

l'a trouvé de 40 pouces, par un jaugeage exécuté le 22 Octobre 1790, en présence des autorités et des ingénieurs de la Mairie. Il est très-probable qu'en tems
ordinaire, il est au moins de 50 pouces.

(1) Pendant une grande partie du trajet, les conduites pouvant passer sur le
terrain où se trouvent les conduites actuelles d'Arlac, il n'y aurait pas d'indemnité de passage à payer, et plusieurs regards existans pourraient servir.

Sous le rapport de la dépense, cette source est celle des environs de Bordeaux qu'on aurait le plus d'avantage à y conduire. On ne doit donc pas s'étonner si elle a été indiquée par tous ceux qui, avant M. Durand, se sont occupés de nouvelles fontaines ; mais, comme on l'a déjà remarqué, elle ne peut fournir qu'aux quartiers les plus bas de la ville, et en 1787 on proposait de fournir la place Dauphine et les quartiers les plus élevés, par la source de Mérignac, et les quartiers d'un niveau intermédiaire, par la source d'Arlac, à laquelle on conserverait les 16 pieds de pente qu'elle perd pour se réunir à la faible source du Tondut.

Quel que soit le système auquel on donne la préférence, la reconstruction des conduites de cette source d'Arlac est indispensable ; car la ville ne pourrait consentir à se priver d'une source d'une aussi bonne qualité, et cependant les conduites actuelles, originairement mal établies, donnent lieu, quoique réparées partiellement avec grand soin, à des interruptions fréquentes dans le service des fontaines qu'elle alimente et des pertes d'eau presque habituelles (1).

---

(1) L'administration municipale a reconnu depuis long-tems la nécessité de ce travail ; déjà 600ᵐ· environ de nouvelles conduites ont été confectionnés en 1811 et 1813, par ses ordres, depuis Arlac jusqu'au Tondut, d'après des procédés ingénieux proposés par M. Thiac. La construction n'a été suspendue que parce que les projets pour le trajet dans le vallon du Tondut n'étaient pas définitivement arrêtés, et qu'on avait négligé d'obtenir, pour l'exécution de l'ensemble du projet, l'autorisation de l'administration supérieure.

Ce projet devrait être repris et étudié de nouveau ; il s'est passé un nombre d'années assez considérable pour qu'on puisse juger du mérite des moyens employés par M. Thiac dans la portion de conduite terminée, et pour décider s'il convient d'en faire usage pour la portion qui reste à confectionner ; ou bien si,

Quant aux sources de Mérignac, la Commission a reconnu que, depuis 1787, leur produit avait beaucoup diminué, soit que des ruptures soient survenues dans les conduites en terre cuite, au moyen desquelles elles étaient réunies au regard de Labatut, et que, par suite, les eaux se soient déversées dans la Devèze, soit que des entreprises clandestines aient contribué à la détourner pour le service du moulin et des lavoirs particuliers. Cependant, des travaux de recherche, tant aux sources que dans le trajet des conduites, seraient indispensables avant de pouvoir assurer qu'on ne peut plus ramener au regard la totalité des eaux qui y avaient été réunies par les soins éclairés de M. de Tourny, et, sans aucun doute, on devrait s'en occuper avant de renoncer à ces sources, dont les eaux, de même qualité que celle d'Arlac, appartiennent à la ville par droit de prescription, si ce n'est par droit de propriété. Elles pourraient être amenées à la place Dauphine, et distribuées par huit fontaines pour moins de 24,000 fr. par pouce fontainier, en supposant le produit des sources de 15 pouces, ou pour 30,000 fr. par pouce, en le supposant réduit à 12 (1).

La Commission n'a pas dû se livrer à ces recherches, qui ne peuvent, d'ailleurs, être ordonnées que par l'administration.

Quoi qu'il en soit, on a déjà eu occasion de rappeler que

---

sous le rapport de la solidité et de l'économie, des conduites en fer ne seraient pas préférables.

Cette source est assez élevée pour, si on lui conserve toute sa pente, fournir de l'eau peu au-dessous du niveau du sol de la cour du nouvel hôpital.

(1) Le devis de 1787 porte le prix de la conduite, des regards, des fontaines, etc., à la somme de 254,860 fr. On l'a augmenté de deux cinquièmes, en calculant d'après les données fournies par le devis de M. Durand.

les auteurs du Mémoire de 1787 proposaient de compléter
l'approvisionnement de Bordeaux par les eaux des sources qui
se jettent dans la rivière de l'Eau Bourde ou par ce ruissseau
lui-même, qu'ils jugeaient possible de conduire en entier à
Bordeaux ; mais ce projet n'était qu'indiqué, et la Commission
a cru devoir recueillir les données plus exactes acquises depuis, et y joindre ses propres observations.

La petite rivière de l'Eau Bourde commence à se montrer
dans les bas fonds des landes (*crastes*) qui bordent à l'*est* la
route de Bordeaux à la Teste, un peu avant les *Arrestieux ;*
elle est déjà un ruisseau au-dessous de Puymartin, dans la
commune de Canéjan : elle s'augmente des sources de Puymartin, de Monsalut et de Cazeaux, sur la rive gauche, et de
plusieurs autres sources qui naissent dans son lit ou sur les
talus de ses bords, et est assez forte au-dessous de Cazeaux
pour faire tourner le moulin neuf. Elle reçoit au *Fourcq* le
ruisseau qui passe par Cestas, et sur lequel est établi le moulin
de la Mourlette. Au-dessous de *Fourcq,* et jusqu'à Gradignan,
on rencontre quatre autres moulins, y compris celui de Gajacq,
appartenant autrefois aux Chartreux. Elle passe ensuite au
Pont de la May, avant lequel elle se divise en deux branches
qui aboutissent, l'une au pont de la Manufacture, après avoir
reçu le ruisseau des Mallerets, l'autre au moulin de Franc.
Sur ces deux branches, on compte, depuis Gradignan, dix
moulins, y compris celui de la Manufacture.

Dans les temps de sécheresse, cette petite rivière n'est ali-
mentée que par des eaux de source; leur produit est assez
considérable pour que les moulins qui y sont établis ne restent
pas long-tems en chômage. Dans la saison des pluies, elle
sert en outre à l'écoulement de celles qui tombent sur une

partie du territoire des communes de Cestas, Canéjan, Gradignan, Villenave et Bègles.

A deux époques différentes (le 6 Août 1826 et le 13 Janvier 1829), ses eaux ont été soumises à l'épreuve des réactifs
chimiques par l'un des membres de la Commission (1). Les résultats des deux analyses ne présentent que de très-légères
différences, et l'une et l'autre concourent à démontrer qu'on
peut les classer parmi les eaux les plus pures des environs de
Bordeaux, en en exceptant l'eau de la Garonne filtrée. On y
remarque cependant un goût herbacé, qui paraît accidentel,
et qui, probablement, disparaîtrait par leur contact avec l'air
dans des canaux bien entretenus (2).

D'après les nivellemens que l'Académie des sciences a fait
faire (3), l'eau se maintient dans le bief supérieur du moulin
de Gajac, à Gradignan, à 3^m 53^c (environ 11 pieds) au-
dessus du sol de la place Dauphine, et par conséquent, prise
dans ce bief, la pente serait suffisante pour qu'elle pût être
amenée sur cette place, lors même qu'il ne serait pas possible
de la prendre plus haut.

La distance du moulin de Gajac à Bordeaux est de 8,400^m
en suivant la grande route, ou de 10,60^m en suivant les
contours de la ligne de niveau du point de départ, qui ser-
pente sur le flanc des collines formant au nord le vallon de
l'Eau Bourde, qui traverse ensuite le plateau compris entre

---

(1) Tableau annexé au recueil des Mémoires de l'Académie, année 1826, et
note manuscrite dans le dossier de la Commission.

(2) Une bouteille de cette eau a perdu ce goût après avoir resté quelques
mois débouchée.

(3) Plan annexé au recueil des Mémoires de l'Académie pour l'année 1826.

ce vallon et celui du ruisseau des Mallerets, et aboutit vis-à-vis Talence.

Ce nivellement a justifié les conjectures énoncées dans le Mémoire de 1787, et prouve qu'il serait possible de réaliser le projet d'amener dans les points les plus élevés de Bordeaux, soit les sources qui se jettent dans l'Eau Bourde, au-dessus de Gradignan, soit même la rivière toute entière, ou seulement une portion, en la prenant à ce point.

Mais la dépense serait-elle hors de proportion avec la quantité d'eau fournie? Sans prétendre atteindre à une évaluation exacte, la Commission a cherché à résoudre cette question d'une manière au moins approximative.

Les sources supérieures au moulin de Gajac sont, sans y comprendre celles qui jaillissent dans le fond même du ruisseau, non plus que celles qui ne donnent qu'après la saison des pluies, *sur la rive droite*, la source de Gajac, dans le pré du moulin; elle jaillit de 2 pieds au-dessus du sol; la fontaine du *Haüre*, vis-à-vis le château d'Ornon, une petite source près le moulin de Rouissac, puis un grand nombre de petites sources sur la branche qui passe par Cestas; et *sur la rive gauche*, une source dans le pré de M. Balaresque ou de M. de Baritaux, au-dessus du moulin de Rouillac (elle jaillit au niveau du fond du ruisseau avec lequel ses eaux se confondent); enfin, les sources de Cazeaux, de la Nigne, de Monsalat et de Puymaurin.

Ces dernières sont les plus abondantes et les plus éloignées; leur distance de Gradignan est de 8400 mètres Aucune d'elles n'a été jaugée; mais d'après la visite qui en a été faite dans les premiers jours de Janvier dernier, on est probablement au-dessous de leur produit réel, en ne portant le volume des sources de la rive gauche, réuni à celui des fontaines du Haüre et de Gajac, sur la rive droite, qu'à 50 pouces.

Calculant sur ce produit, et évaluant les dépenses pour les conduites et la distribution dans la ville d'après le devis de M. Durand, portant en sus une somme de 193,000 fr. pour dépenses imprévues et indemnités, on n'atteint que la somme de 2,200,000 fr. (1), inférieure de plus de 500,000 fr. à celle à laquelle M. Durand porte le prix d'une quantité à peu près égale d'eau filtrée.

Relativement à l'eau de la rivière de l'Eau Bourde, deux moyens peuvent être proposés pour en amener la totalité ou seulement une partie : un aqueduc couvert, ou des conduites. Une étude exacte du terrain peut seule faire connaître si un aqueduc dans lequel l'eau conserverait son niveau, sauf la pente nécessaire, pourrait être employé pour tout le trajet, à moins de le maintenir élevé hors de terre dans une partie de son cours. Les nivellemens de 1826 autorisent à croire que si le terrain entre le vallon de l'Eau Bourde, à Gradignan, et celui des Mallerets, à Talence, est plus élevé que le bief supérieur du moulin de Gradignan, il n'en est plus ainsi du

---

(1) La distance des sources de Puymartin à Gradignan est d'environ 8,000 mètres, et celle de Gradignan à Bordeaux de 8,400 mètres. Ainsi, la longueur totale des conduites serait de 16,400 mètres; comptant sur 17,000 mètres, et la conduite de 55 centimètres de diamètre, à 71 fr. le mètre mise en place, la conduite coûterait.. .... 1,207,000^f

Portant les frais de distribution dans la ville, fontaines, etc., comme
M. Durand, pour. 800,000

Et une somme à valoir pour indemnités et dépenses imprévues.... 193,000

La dépense totale, pour 50 pouces d'eau, serait de .... 2,200,000^f

ou, par pouce, de 44,000 fr.

terrain entre ce dernier vallon et Bordeaux, de sorte qu'il est
très-probable que depuis Talence l'aqueduc devrait être établi
sur une muraille plus ou moins élevée, suivant les sinuosités
du sol, dans le sens vertical, à mesure qu'on se rapprocherait
de Bordeaux. S'il en est réellement ainsi, il faudrait sans doute
renoncer à construire un aqueduc dans cette portion ; outre
qu'il serait plus coûteux à établir, il serait plus exposé aux
dégradations ; mais rien ne s'opposerait à ce que les eaux,
amenées par un aqueduc jusqu'à un réservoir construit sur les
hauteurs de la colline qui longe la rive droite du ruisseau
des Mallerets, continuassent leur route dans des conduites en
fer (1).

Si on adoptait cette disposition, il serait sans doute avan-
tageux de prendre l'Eau Bourde à un point plus élevé que
le bief du moulin de Gajacq, à celui du moulin du château
d'Ornon, par exemple, qui est plus élevé de 10 à 12 pieds,
ou même au bief du moulin supérieur, parce qu'alors on
pourrait se procurer des fontaines jaillissantes aux points les
plus élevés de la ville, en laissant aux aqueducs et aux conduites une pente suffisante, et que d'ailleurs on pourrait, sans
être obligé à des fouilles trop considérables, établir l'aqueduc
sur les bords de la grande route de Bordeaux à Gradignan.

Supposant le trajet de 10,000^m à partir de la prise d'eau,
6,000^m environ pourraient être en aqueduc, et les autres
4,000^m en conduites de fer.

---

(1) Probablement une pareille disposition avait été adoptée pour amener les
eaux des sources de Vayres. Les recherches de l'Académie n'ont pu faire décou-
vrir des traces de l'aqueduc romain en-deçà du pont d'Ars, et Vinet parle des
conduites trouvées sur la rive gauche du vallon des Mallerets, vis-à-vis le point
où il aboutissait sur la colline opposée.

Les dimensions de l'aqueduc, ainsi que celles des conduites, dépendent de la quantité d'eau à amener et de la pente qu'on leur donnera. La quantité d'eau est nécessairement limitée à celle que fournit le ruisseau après de longues sécheresses. Sans avoir de données précises à cet égard, on est porté à croire qu'elle est au-dessus de 500 pouces fontainiers. Se bornant à 200 pouces, trois conduites d'un pied de diamètre intérieur, ou un aqueduc de 18 pouces de largeur, dans lequel l'eau se maintiendrait constamment à un pied de hauteur, suffiraient et au-delà, en leur donnant 3 pouces de pente par 100 toises, pour procurer l'évacuation de cette quantité d'eau (1).

4,000$^{m.}$ de conduite triple, chacune de 33^c de diamètre intérieur, et au prix de 79 fr. 39 cent. le mètre, mise en place, indiqué par M. Durand, coûteraient... 844,680^f „ ^{c}

A reporter.............. 844,680^f „ ^{c}

---

(1) Les dimensions de cet aqueduc seraient à peu près les mêmes que celles de l'aqueduc romain, décrit dans le recueil des Mémoires de l'Académie de Bordeaux, année 1826, et il pourrait être construit dans le même système, quoique avec plus de soin. Ce mode de construction est tellement solide, que l'aqueduc a été trouvé parfaitement conservé dans toutes les portions où, enfoncé dans la terre, il a été à l'abri des dégradations. Quelques ruptures seulement ont été observées, résultant de l'inégalité du tassement du terrain peu consistant sur lequel il avait été établi. Sous ce rapport, on ne saurait prendre de trop grandes précautions; mais la construction de l'aqueduc en lui-même est si économique, parce que, à l'exception de sa couverture, elle n'exige que les matériaux qu'on trouve sur les lieux ou aux environs, que le prix auquel on a évalué le mètre courant est suffisant pour qu'on puisse n'en négliger aucune. Si, pour prévenir tout danger de filtration, on se déterminait à couler sur le fonds une couche de mastic bitumineux, et à revêtir les parois de briques cimentées et recouvertes de cette même substance, suivant le procédé pratiqué, il y a plus de dix ans, pour la construction d'un des bassins du Jardin de Botanique, la dépense en serait peu augmentée.

Report............	844,680ᶠ	» ᶜ
6,000 mètres d'aqueduc, à 150 fr. le mètre.	900,000	»
Regards, travaux pour la prise d'eau, réservoirs, indemnités pour le passage des conduites, dépenses imprévues, etc............	255,520	»
Conduites de distribution dans la ville et fontaines......................................	1,000,000	»

D'après cet aperçu, les dépenses auxquelles obligeraient la conduite et la distribution des 200 pouces des eaux de la rivière de l'Eau Bourde, ne s'élèveraient qu'à trois millions, ci.................................... 3,000,000ᶠ » ᶜ

Il est sans doute difficile d'évaluer l'indemnité qui serait due aux propriétaires des moulins, pour la privation d'une quantité d'eau assez considérable; mais quand on supposerait que, dans l'objet d'avoir l'entière disposition de la rivière, il fallût que la ville achetât les quinze moulins qui se trouvent sur l'Eau Bourde, son affluent et sa dérivation, et que le prix de chacun de ces moulins fût en terme moyen de 40,000 fr., (il y en a plusieurs qui n'en valent pas 10); quand on supposerait encore qu'elle ne pût disposer avec aucun avantage pour elle des eaux surabondantes pendant la plus grande partie de l'année, cette dépense ne s'élèverait qu'à 600,000 fr. Ainsi, pour 3,600,000 fr., on aurait à Bordeaux, à sa disposition dans les fontaines, 200 pouces d'excellente eau, dont chaque pouce ne reviendrait qu'à 18,000 fr.

Cette quantité est près du double de celle qui serait pendant long-tems nécessaire pour les services publics, et probablement la Mairie rentrerait dans une partie de ses débours

par des concessions pour l'usage des maisons particulières ou
d'établissemens auxquels l'eau est nécessaire (1).

Ces travaux, du même genre, et à peine plus considérables
que ceux auxquels s'étaient livrés nos ancêtres il y a douze
ou quinze siècles, dans un tems où la ville de Bordeaux était
d'une bien moins grande importance, et par conséquent pouvait
moins en supporter la dépense, se rapprochent de ceux qui fu-
rent entrepris dans le siècle dernier par les villes de Carcassonne
et de Montpellier, quoiqu'ils fussent hors de proportion avec

---

(1) Il n'est pas inutile de prévenir une objection sur l'emploi, pour la boisson, des eaux de l'Eau Bourde. Ces eaux ne pourraient-elles pas être viciées
par la malveillance ou par l'incurie? La chose serait difficile, peut-être même
impossible, à raison du volume des eaux, soit de la rivière, soit de la portion qui en serait amenée à la ville. Quoi qu'il en soit, la même objection pourrait être faite pour les eaux de la Garonne, qui ne seraient pas plus à l'abri
d'être viciées à l'entrée de l'aqueduc par lequel on puiserait l'eau à filtrer, que
celles de l'Eau Bourde à la prise d'eau : mais, pour l'un et pour l'autre cas, cette
crainte ne paraît nullement fondée.

Lorsqu'on considère la quantité énorme d'immondices et de substances insa-
lubres que la Garonne reçoit depuis sa source, qu'elle sert d'égout à un grand
nombre de villes populeuses et à plusieurs milliers de lieues carrées de terrains de
toute nature, consacrés à tous les genres de culture, et couverts d'engrais de
toute espèce, on serait tenté de regarder ses eaux comme absolument impropres à la boisson ; cependant il suffit d'en dégager la vase, sans même les
faire passer à travers le charbon, pour qu'elles soient d'une grande pureté. Cet
effet n'est dû probablement qu'aux décompositions qui ont lieu pendant son
trajet, et à son contact avec l'air, favorisé par le mouvement ; un effet semblable devra nécessairement avoir lieu pour les eaux de l'Eau Bourde, avec
cette différence, à l'avantage de ces dernières, que, traversant un pays presque
inhabité et presque toujours au milieu des bois, elle ne reçoit dans son sein
que peu ou point de substances animales. D'ailleurs, la ville de Bordeaux,
en acquérant les moulins supérieurs à la prise d'eau, aurait un droit d'inspection et de surveillance sur cette partie du ruisseau, et pourrait y entretenir un
garde qui, en même tems, aurait la surveillance de la prise d'eau et des
regards avoisinans.

ceux exécutés à Paris pour y amener et distribuer les eaux
de l'Ourcq, dans leur simplicité, ils n'en auraient pas moins
ce caractère de véritable grandeur, inhérent aux ouvrages
utiles, et seraient encore dignes de la seconde ville de France.

Cependant, n'allons-nous pas chercher au loin et à grands
frais ce qui peut-être est très-près de nous, et, à la lettre,
sous nos pieds? Qui pourrait assurer que des sources abondantes, susceptibles de jaillir au-dessus du niveau du sol, ne
coulent pas à une plus ou moins grande profondeur au-dessous
de la ville? Déjà le creusement de plusieurs puits a prouvé
qu'après avoir percé des couches de rochers mêlés d'argile,
il n'est presque pas d'endroit à Bordeaux ou dans les environs
où l'on ne rencontre une nappe d'eau abondante. Cette eau,
communément très-chargée de sels, n'est pas celle à laquelle
on devrait s'arrêter; il faudrait, au contraire, s'en préserver
pour n'admettre que celle que la sonde découvrirait dans des
couches de craie; mais les notes géologiques publiées par un
des membres de l'Académie des sciences de Bordeaux, qui fait
partie de la commission (1), autorisent à croire que les recherches qu'on ferait pour les rencontrer ne seraient pas in-
fructueuses. Des tentatives semblables ont été faites avec
succès aux environs de Paris, à Marseille, et surtout dans le
nord de la France.

Une dépense de 7 à 8,000 fr. suffirait pour pratiquer deux ou
trois sondages à une grande profondeur, et il serait sans doute
de l'intérêt bien entendu de la ville de consacrer quelques
fonds à ce genre d'expériences, et de différer l'adoption définitive d'aucun projet sur les fontaines, jusqu'à ce qu'on en ait
connu les résultats.

---

(1) Recueil de l'Académie, année 1828.

CONCLUSION.

Il résulte des détails qui précèdent :

Que le projet de M. Durand n'a présenté à la Commission aucune impossibilité d'exécution, depuis les modifications qu'il y a apportées dans le supplément à son Mémoire, en date du 24 Janvier dernier ;

Que les diverses parties de ce projet paraissent avoir été étudiées avec soin ; que cependant, avant de le ramener à exécution, il serait nécessaire de se procurer, par des expériences continues d'une année au moins, des connaissances plus précises que celles qu'on a pu acquérir sur le régime de la Garonne et le degré d'opacité de ses eaux ;

Qu'en particulier, pour tout ce qui concerne la clarification par le repos et la filtration, un essai fait sur une assez grande échelle pour fournir de l'eau à une ou deux fontaines publiques, paraît indispensable pour s'assurer, par expérience, si certaines des constructions proposées ne seraient pas inutiles, et si quelques-unes des dispositions indiquées ne pourraient pas être changées avec avantage ;

Que cet essai est d'ailleurs nécessaire pour faire connaître d'une manière précise l'une des parties de la dépense qu'il est le plus difficile d'évaluer d'avance, celle des frais journaliers ;

Que le volume de 51 pouces $^4/_{10}$ fontainiers (987$^{m.}$ $^{cb.}$ par jour) d'eau filtrée, que M. Durand propose de fournir, serait, d'après les aperçus et les calculs de la Commission, insuffisant pour tous les besoins de la ville de Bordeaux, même

17

en continuant de faire usage des eaux de la source d'Arlac,
qui s'y rendent déjà ;

Que l'indispensable nécessité d'une surveillance active,
intelligente et soutenue, sur un grand nombre d'opérations
simultanées, constitue (indépendamment de l'élévation de
la dépense relativement aux produits obtenus) l'objection la
plus puissante contre l'exécution, par la Mairie, du projet de
M. Durand ;

Que le succès de l'établissement de Paris ne diminue que
faiblement la force de cette objection, parce que cet établissement étant formé par des particuliers, dans l'objet d'en
retirer un bénéfice, en vendant, à la voie, l'eau qui en provient, cet intérêt de chaque moment est une garantie suffisante
qu'aucun des soins, presque minutieux, qu'exigent les procédés de la filtration pour qu'elle soit parfaite, ne sera négligé,
et que même ces procédés tendront toujours à se perfec-
tionner ;

Que le zèle éclairé de M. Durand suffirait sans doute pour
rassurer l'administration sur le succès de son projet, s'il était
possible qu'il eût toujours la direction immédiate de l'établissement construit d'après ses vues ; mais que cet établissement
ne devant pas être temporaire, et au contraire étant destiné
à avoir une durée de plusieurs siècles, il est impossible de ne
pas être frappé de la justesse des réflexions présentées par
les auteurs du Mémoire imprimé en 1787, sur les fontaines
de Bordeaux, relativement aux projets qui, ayant pour objet
un service public, dépendraient de l'emploi de machines, et
de ne pas convenir qu'elles sont particulièrement applicables
lorsqu'il est question de machines à filtrer, qu'il ne s'agit pas
uniquement d'entretenir, mais que chaque jour il faut re-

composer de nouveau, en totalité ou en partie, en en modi-
fiant dans certains cas la composition (1) ;

Que si ces considérations portaient l'administration à ne
pas admettre le projet de M. Durand, il ne s'ensuivrait pas
qu'elle dût renoncer à procurer à Bordeaux de nouvelles eaux,
soit pour la boisson et les usages domestiques, soit pour l'irrigation ;

Qu'en effet, il n'est pas exact de dire qu'il est impossible de
compter sur les eaux de sources pour l'approvisionnement de
Bordeaux ; qu'au contraire, les projets présentés en 1787 et
en 1794 à la Mairie, pour l'établissement de nouvelles fontaines au moyen de ces eaux, pourraient encore actuellement
être ramenés à exécution, moyennant quelques modifications,
et procurer une quantité d'eau plus considérable que celle que
M. Durand propose de fournir, à un prix proportionnellement moins élevé ;

Que si les eaux de la Garonne sont supérieures en pureté
aux eaux de source, elles ne deviennent telles et propres à la
boisson, qu'après avoir été convenablement filtrées, et que
cette filtration, pour être bien faite, exige des soins particuliers et soutenus ; que, d'autre côté, l'analyse chimique et un
long usage ont prouvé que l'eau de la moins bonne des sources

---

(1) La présence d'un grand nombre d'ouvriers et de préposés serait toujours
indispensable, ainsi que l'attention continue d'hommes intelligens ; il faudrait de
la persévérance, de la succession dans les lumières, et sur-tout de la succession
dans la bonne volonté, ce qu'il serait peut-être plus difficile d'obtenir ; car
l'amour-propre, qui porte si souvent à déprimer ce qu'on n'a pas fait, repousse
tout zèle lorsqu'il s'agit de conserver l'ouvrage d'autrui, et cependant, sans beaucoup de zèle, une chose très-nécessaire peut devenir très-négligée. (*Mémoire
cité, page* 18).

qu'on a proposées, en 1787 et 1791, d'amener à Bordeaux, (celle de Figuereau), ne peut être nuisible à l'économie animale ;

Que chacun de ces projets devrait être de nouveau étudié avec soin, pour déterminer quels sont ceux dont il serait préférable d'ordonner l'exécution ;

Que celui qui a pour objet d'amener à Bordeaux une partie du ruisseau de l'Eau Bourde, prise au-dessus de Gradignan, mérite une attention particulière de la part de l'administration, parce que si les présomptions et les calculs de la Commission sont fondés, ce projet, ramené à exécution, procurerait, avec une dépense proportionnelle beaucoup moindre, une quantité d'eau supérieure à celle qu'on pourrait obtenir d'ailleurs, et qu'en même temps il est le seul qui permît à la ville de faire, sans nuire au service public, des concessions d'eau assez importantes pour la couvrir d'une portion considérable de ses dépenses ;

Que, quoique les nivellemens exécutés par les ordres de l'Académie royale des sciences de Bordeaux, démontrent la possibilité d'exécuter ce projet, cependant il conviendrait de refaire des nivellemens à partir du moulin de Rouillac, de se livrer à une étude détaillée du terrain que devraient parcourir les aqueducs et les conduites, et préalablement de constater d'une manière exacte la quantité d'eau que donne la rivière de l'Eau Bourde dans les diverses saisons, et principalement après les sécheresses ; comme aussi de s'assurer, par de nouvelles analyses, de la qualité de ses eaux, lorsqu'elle est la plus abondante ;

Que si les résultats de ces observations étaient tels qu'il fallût renoncer au projet d'amener partie du ruisseau de l'Eau

Bourde, il conviendrait d'étudier les sources qui s'y jettent, et particulièrement celles de *Puymartin*, de *Monsalat* et de *Cazeaux*, dans la commune de Canéjan, ainsi que celle de *Haüre*, dans la commune de Gradignan, dans l'objet de connaître exactement leur produit et les frais pour les amener à Bordeaux ;

Que toujours, dans la même supposition, la source des Carmes, à raison de son abondance et de sa proximité de la ville, paraîtrait devoir être l'une des premières dont la Mairie aurait à s'assurer la propriété, pour l'amener ensuite à Bordeaux par des conduites en fer ;

Que des travaux aux sources de Mérignac et aux conduites qui en amènent les eaux au regard de Labatut, sont indispensables avant d'assurer qu'il n'est pas possible de réunir dans ce regard la plus grande partie de l'eau qui s'y rendait autrefois ;

Que si cette impossibilité était démontrée, et que, par suite, on dût renoncer à ces sources, et qu'on renonçât aussi à conduire à Bordeaux celles qui se jettent dans l'Eau bourde, au-dessus de Gradignan, on pourrait avoir recours à celles de Figuereau, de Lagrange, de Rivière et de Dublan, pour les élever, au moyen d'une machine à vapeur, au-dessus du niveau de la place Dauphine, et que la dépense, pour acquérir, réunir, élever et distribuer ces sources, serait, d'après les calculs de la Commission, moindre que celle qu'exigerait le projet de M. Durand, quoique le volume d'eau fût plus considérable ;

Qu'enfin, avant d'adopter définitivement aucun projet pour les fontaines de Bordeaux, il serait important que la Mairie fît faire, au moyen de la sonde dite artésienne, des recherches sur plusieurs points, par exemple, à la place Dauphine, à la place d'Aquitaine et dans les quartiers de Belleville, pour s'assurer si, avant d'atteindre une profondeur de 3 à 400 pieds, on ne rencontrerait pas quelques sources ascendantes dont l'eau serait d'assez bonne qualité et est assez abondante pour qu'on fût dispensé de recourir à d'autres moyens pour l'approvisionnement de la ville, et qu'il est à désirer que des recherches de ce genre, qui peuvent d'ailleurs fournir des données précises pour la géologie du département, soient prochainement ordonnées par l'administration municipale.

Délibéré à Bordeaux, en séance de la Commision, le 7 Février 1829.

Jques. Lucadou, Leupold, Bertin, Billaudel, Loze, Lartigue, Sarget, Poitevin, Mel. Laclotte fils de l'aîné, Blanc-Dutrouilh, *rapporteur.*

NOTES THÉORIQUES

SUR LA DÉPURATION DE L'EAU

PAR LA PRÉCIPITATION;

PAR M. LEUPOLD.

La dépuration des eaux par la précipitation peut être assimilée, dans un premier essai, à ce qui se passe lorsqu'un corps solide, non soluble, se trouve placé dans un liquide spécifiquement plus léger que lui : il tombe par l'excès de son poids, et sa vitesse est d'autant plus grande, que cet excès est lui-même plus considérable. J'assimilerai chaque molécule suspendue dans l'eau à un corps obéissant à cette loi; mais, pour se rapprocher de ce qui se passe dans la dépuration par le dépôt, je considérerai chaque molécule comme rencontrant des couches dont la densité varie avec leurs distances au niveau supérieur, et de plus je regarderai la densité de la même couche, comme changeant avec le tems.

Prenons le niveau supérieur de l'eau dans le vase dans lequel la dépuration se fait, pour plan coordonné des x, y, et la verticale pour axe des z, et supposons qu'au moment où la précipitation commence, la densité est uniforme dans toute l'étendue de la masse liquide.

Je désigne par z la distance d'une des molécules de la matière qui se précipite, au niveau supérieur du liquide, et par g la pesanteur effective de cette molécule. On a, par les formules connues, $V^2 = 2 S g dz$; V représente la vitesse verticale avec laquelle la molécule descend. Cette pesanteur effective g est ici l'excès du poids de la molécule sur celui du liquide à volume égal, et cet excès peut être représenté par la différence entre la densité de la molécule et celle du liquide dans lequel elle est suspendue. En désignant donc ces deux densités, la première par δ et la seconde par Δ, on aura :

$$V^2 = 2 S (\delta - \Delta) dz; (A).$$

Si l'on connaissait la loi des densités des couches successives, on auroit l'expression de Δ en z et t; il ne s'agirait alors que d'introduire cette expression dans (A), et d'exécuter l'intégration indiquée : mais cette loi n'est pas connue; elle n'est pas même suffisamment indiquée dans le tableau dressé par les soins de la commission. Pour remplir cette lacune dans les élémens du problème, admettons la loi la plus probable et la plus simple, et posons :

$$\Delta = \delta - \delta' + at\,(b + z);\ (\text{B})$$

en représentant par δ' la différence entre la densité de la molécule, et la densité uniforme initiale de la masse liquide; a et b sont des coefficiens constans dépendant uniquement des dimensions et de la forme du réservoir. On aura, en mettant dans (A) cette expression de Δ :

$$V^2 = 2S\,(\delta' - at\,(b+z))\,dz;\ (\text{A}').$$

Or, V^2 a aussi pour expression $\dfrac{dz^2}{dt^2}$, en n'admettant dans la molécule qu'un mouvement vertical. Ainsi, on doit avoir :

$$\frac{d^2z}{dt^2} = \delta' - at\,(b + z).\ (\text{C}).$$

Quelle que soit l'expression de z en t que cette équation donnera, elle pourra toujours prendre la forme

$$z = \Theta + 6t + At^m + Bt^n + ct^r + \text{etc.}\ (\text{H}).$$

D'où $\dfrac{d^2z}{dt^2} = m\,\dfrac{m-1}{2}\,At^{m-2} + n\,\dfrac{n-1}{2}\,Bt^{n-2} + p\,\dfrac{p-1}{2}\,Ct^{p-2} + \text{etc.}\ (\text{G}).$

D'un autre côté, si l'on met dans (C) pour z sa valeur (H), on a :

$$\frac{d^2z}{dt^2} = \delta' - a\,(b + \Theta)\,t - abt^2 - Aat^{m+1} - Bat^{n+1} - Cat^{p+1} + \text{etc.}\ (\text{L}).$$

En égalant G et L terme à terme, on trouve :

$$m = 2,\ n = 3,\ p = 4,\ q = 5,\ r = 6,\ \text{etc.}$$

$$A = \delta';\ B = \frac{a\,(b + \Theta)}{3};\ C = \frac{a6}{6};\ D = \frac{Aa}{10},\ \text{etc.}$$

Ainsi, $z = \Theta + 6't + \delta' t^2 - a\,\dfrac{b + \Theta}{3}\,t^3 - \dfrac{a6}{6}\,t^4 - \dfrac{a\delta'}{10}\,t^5 - \text{etc.}\ (\text{O}).$

Les termes suivans seraient en a^2, a^3, etc.

Par suite : $\dfrac{dz}{dt} = 6 + 2\delta' t - at^2\,(b + \Theta) - \dfrac{4a6}{6.}\,t^3 - \dfrac{5a\delta'}{10.}\,t^4$, etc. (M).

Dans ces expressions :

1°. Θ est le Z initial de la molécule qu'on considère, puisque (O) donne $Z = \Theta$

quand $t = 0$. Pour les molécules qui sont au niveau supérieur lorsqu'on commence à compter le temps, $\Theta = 0$; et pour les autres, Θ prend pour valeur leur enfoncement initial.

2°. $\mathcal{C}$ est la vitesse qui serait due à une impulsion que la molécule aurait reçue, telle que celle que lui communiquerait un ébranlement initial de la masse liquide, ou une dénivellation de la couche dans laquelle la molécule se trouve.

Pour avoir complètement la valeur de z et celle de $\dfrac{dz}{dt}$, il faudrait connaître les deux constantes a et b. Ces deux quantités se détermineraient, si on avait les valeurs de Δ pour deux valeurs quelconques de z et deux valeurs de t; car, comme δ est connu, (B) fournirait avec ces deux élémens deux équations qui détermineraient a et b. Les expériences faites ne me paraissent pas pouvoir fournir ces données avec une approximation suffisante. Toutefois, comme $\delta - \Delta$ doit être une quantité très-petite quoique t et z prennent des valeurs sensibles, a lui-même doit être très-petit, et l'on peut, dans une première approximation, négliger les termes dans lesquels a entre avec des puissances supérieures à la première. En employant les élémens qu'on trouve dans le tableau dressé par la commission, on trouve :

Pour la cuve :

$a = 0,0006$

$b = -0,53$

Pour le grand bassin :

$a = 0,0003$

$b = 0,50$

Il est à remarquer que ces valeurs de a et celles de b sont entr'elles, à très-peu près, dans le rapport de $2 : 1$, qui est celui des hauteurs du liquide dans ces deux réservoirs.

Ainsi, on a :

$$Z = \Theta + \mathcal{C}t + \delta' t^2 - at^3\left(\frac{\Theta + b}{3} + \frac{bt}{6} + \frac{\delta'}{10}t^2\right) ; \text{ (P)}.$$

$$\frac{dz}{dt} = \mathcal{C} + 2\delta' t - at^2\left(\Theta + b + \frac{2bt}{3} + \frac{1}{2}\delta' t^2\right) ; \text{ (Q)}.$$

Et si nous supposons que la masse liquide se maintient dans un repos parfait, on aura $\mathcal{C} = 0$, et les formules précédentes se réduisent à

$$Z = \Theta + \delta' t^2 - at^3\left(\frac{\Theta + b}{3} + \frac{\delta' t^2}{10}\right) ; \text{ (R)}.$$

$$\frac{dz}{dt} = 2\delta' t - at^2\left(\Theta + b + \frac{1}{2}\delta' t^2\right) ; \text{ (S)}.$$

Voici les principales indications que donnent les formules (R) et (S).

1°. Dans l'expression de la vitesse verticale d'une molécule quelconque, il entre une partie tout-à-fait indépendante de la position initiale de la molécule

18

et des dimensions du vase. Cette partie $2\delta't$ est la vitesse qu'aurait cette molécule dans un liquide homogène dont la densité seroit δ', c'est-à-dire, la différence entre la densité de la matière qui se précipite, et la densité homogène que la masse liquide est supposée avoir eue initialement. Pour plus de brièveté dans les énoncés, je donnerai à cette vitesse $2\delta't$ le nom de *vitesse d'homogénéité initiale*.

$2°$. Puisque a est positif, la vitesse effective de la molécule excèdera cette vitesse d'homogénéité, lorsque $\Theta + b + \frac{1}{2}\delta't^2$, sera négatif, et elle lui sera inférieure dans le cas contraire. Ces deux vitesses seront égales lorsqu'on aura $\Theta + b = \frac{1}{2}\delta't^2$, c'est-à-dire, $t = \sqrt{\dfrac{2(\Theta + b)}{\delta'}}$, (X).

$3°$. En rappelant que Θ exprime l'enfoncement initial et toujours positif de la molécule, que b, quantité négative, est proportionnel à la profondeur du bassin, à partir du niveau supérieur du liquide, on verra aisément que pour que la valeur (X) de t soit réelle, il faut que Θ ne soit pas plus grand que b. Ainsi :

Pour toutes les molécules dont l'enfoncement initial satisfait à cette condition, la vitesse effective de précipitation excède sa vitesse d'homogénéité jusqu'à ce qu'on ait $t = \sqrt{\dfrac{2(\Theta + b)}{\delta'}}$, elle lui est égale à ce moment, et après elle devient moindre.

Pour toutes les molécules dont l'enfoncement initial ne satisfait pas à cette condition, c'est-à-dire, pour lesquelles on a $\Theta > b$, la vitesse effective est toujours moindre que la vitesse d'homogénéité.

$4°$. Plus b croîtra indépendamment de son signe, c'est-à-dire, plus la masse liquide aura de hauteur dans le vase dans lequel la dépuration se fait, plus la limite du réel, indiqué par la condition que Θ ne soit pas plus grand que b, et qui est $\Theta = b$, est placée bas dans le liquide à partir du niveau supérieur, et par conséquent plus l'épaisseur de la tranche d'eau qui se dépure effectivement et promptement est grande, d'où résulte une grande influence de la hauteur du bassin sur la précipitation des molécules.

$5°$. Si l'on reprend l'expression (C) $\dfrac{d^2z}{dt^2} = \delta' - at(b + z)$, et qu'on la mette sous la forme :

$$\frac{d\left(\dfrac{dx}{dt}\right)}{at} = \delta' - at(b + z).$$

on verra que poser obtenir le *maximum* ou le *minimum* de la vitesse dans une couche, il faudra pour $\delta' = at(b + z)$, d'où $t = \dfrac{\delta'}{a(b + z)}$, en mettant pour z la distance de la couche que l'on considère au niveau supérieur de l'eau dans le bassin. Si z est plus grand que b, on trouve pour t une valeur positive. Ainsi, dans les couches dont l'enfoncement satisfait à cette condition, il y a un *maximum* de vitesse pour les molécules qui se précipitent. L'existence de ce *maximum* explique le fait reconnu par la commission, que la même couche du liquide a offert des densités qui n'allaient pas toujours en décroissant. Ces couches doivent se rencontrer après des limites proportionnelles aux hauteurs des masses liquides dans les bassins.

6°. Il résulte de toutes ces indications qu'on peut dire que la dépuration n'a lieu effectivement que jusqu'à la limite $\Theta = b$, Θ étant l'épaisseur de la tranche à partir du niveau supérieur. Cette épaisseur croît avec b, qui est une quantité proportionnelle à la hauteur totale de la masse liquide dans le bassin.

Dans cette tranche, la dépuration va en diminuant de rapidité pour les couches successives, à mesure qu'elles s'éloignent du niveau supérieur. Le tems nécessaire pour que cette dépuration s'effectue, est donné par l'équation

$$t = \sqrt{\frac{2\,(\Theta + b)}{\delta'}}$$

7°. Dans tout ce qui précède, on suppose que les masses d'eau soumises à la dépuration sont initialement également chargées et au même état physique. On a en effet regardé δ' comme constant. S'il en était autrement, il faudrait attribuer à cet élément la valeur convenable, et les formules précédentes indiqueraient les modifications que cette circonstance introduirait dans les résultats.

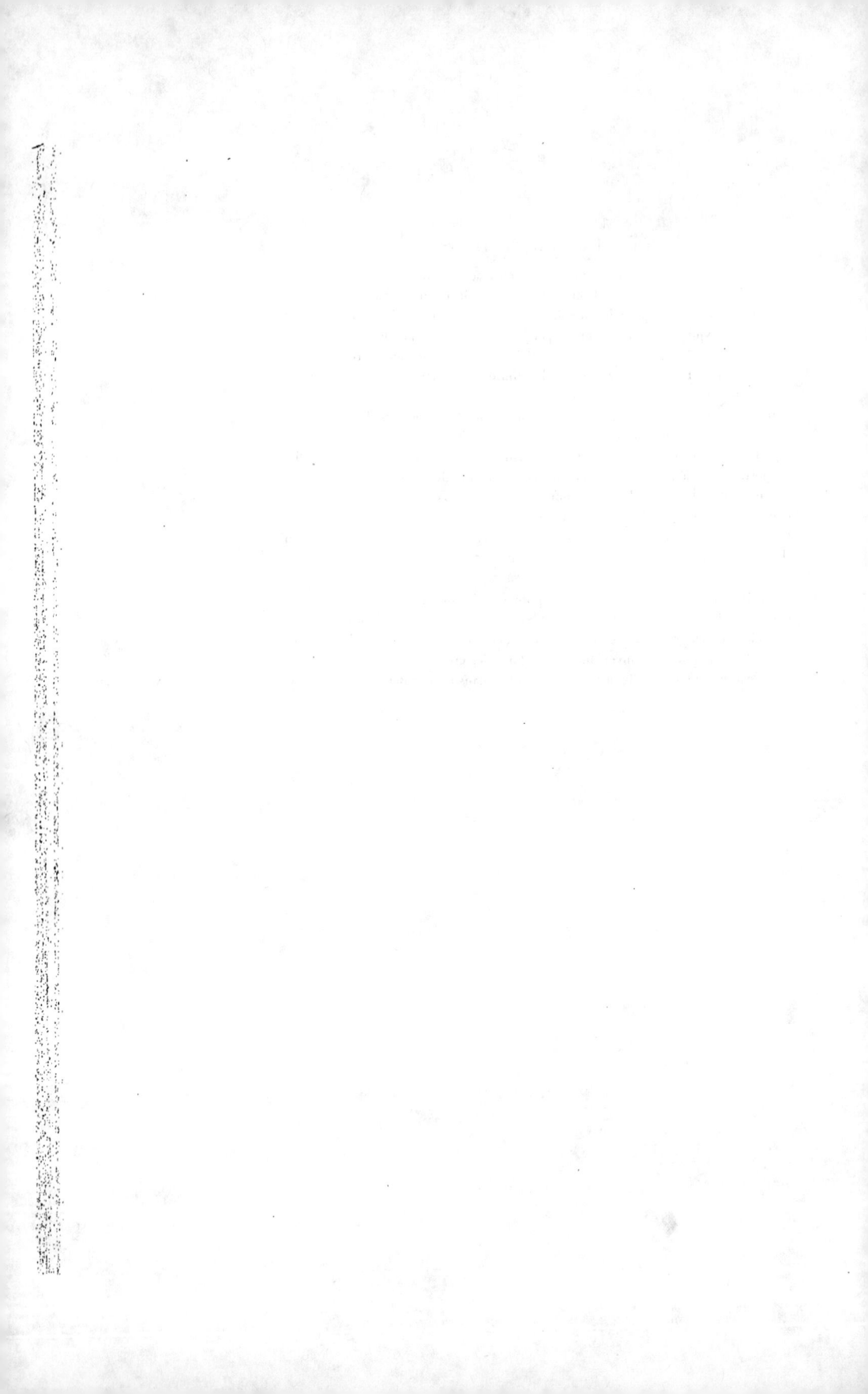

OBSERVATIONS

DE M. DURAND,

SUR LE RAPPORT DE LA COMMISSION

NOMMÉE PAR M. LE MAIRE

POUR L'EXAMEN DU PROJET GÉNÉRAL DE FONTAINES.

Monsieur le maire,

J'ai lu, avec la plus grande attention, le Rapport que vous avez bien voulu me communiquer, et qui vous a été fait par la Commission chargée d'examiner mon projet général de fontaines pour la ville de Bordeaux. Ce travail me semblant susceptible de quelques observations nécessaires à l'exacte intelligence de mon projet, et dont la plupart sont relatives à la forme de la rédaction plutôt qu'au fond même du rapport, je prends la liberté de vous soumettre ces observations; et afin de les rendre aussi courtes que possible, je citerai sommairement les passages nécessaires du Rapport, et je renverrai à mon Mémoire pour tous les points qui, déjà, y ont été traités : j'offre, en outre, tous les développemens qui pourraient être jugés utiles.

Je remarque, d'abord, dans le rapport dont il s'agit, le passage suivant :

Quelques réflexions sur les sources qui se trouvent dans la ville et aux environs, l'ayant conduit (M. Durand) à établir, comme une chose démontrée, qu'aucun des projets présentés jusqu'à ce jour ne donnait les moyens d'approvisionner la ville d'une quantité suffisante de la meilleure eau possible, etc.

Je dois faire observer, à ce sujet, que ce ne sont pas seulement *quelques réflexions* qui ont déterminé mon opinion, ce sont les *réflexions les plus mûres, fruit de plusieurs années d'observations suivies et attentives* ; le 2ᵉ. chapitre, art. 1ᵉʳ. et 2 de mon Mémoire, et le commencement du 5ᵉ. chapitre, contiennent, à ce sujet, des développemens assez étendus pour que je n'y ajoute rien ici : seulement je renvoie à cette partie de mon travail qui me paraît importante et de nature à motiver suffisamment l'opinion que j'ai émise.

On lit ensuite, dans le rapport de la Commission, les phrases suivantes :

Dans le projet de M. Durand, l'eau de la Garonne..... resterait pendant trois jours, au moins, en repos dans de vastes bassins, etc.

On voit dans mon Mémoire, pag. 28, que le tems de ce repos serait de trois jours *au moins*, et de six jours *au plus;* le *terme moyen* serait donc de quatre jours et demi.

Relativement aux bassins de calme, le rapport s'exprime ainsi :

La capacité de ces bassins a été calculée de manière à

contenir, non-seulement un approvisionnement suffisant
pour trois jours, mais en outre, etc.

Il convient d'observer ici, que ce qui précède s'applique
non *aux deux bassins réunis*, mais bien à *chacun en particulier*; ainsi, c'est *un seul des deux bassins, égaux entr'eux*, qui contient cet approvisionnement. (*Voyez mon
Mémoire*, page 28).

On lit ensuite, dans le Rapport :

*Pendant que l'eau se clarifierait, par le repos, dans un
des bassins, on puiserait dans l'autre l'eau déjà reposée.*

J'observe que la clarification s'opèrerait *à la fois dans les
deux bassins*, puisque l'action de la pompe, disposée comme
je l'ai indiquée, ne nuirait en rien à la précipitation du limon.
Je le répète donc, la clarification n'est nullement interrompue
aussi long-tems que l'eau demeure dans les deux bassins de
calme.

Je trouve, plus loin, dans le rapport de la Commission :

Or, cette quantité est supérieure d'environ 200 *mètres à
celle qu'il* (M. Durand) *propose de distribuer aux fontaines, et qu'il fixe à* 987 *mètres cubes*, etc.

J'observe que cette *fixation* n'a rien d'éventuel, mais qu'elle
est, au contraire, le résultat de *calculs rigoureux* et établis
avec soin. (*Voyez mon Mémoire*, page 27).

Plus loin, la Commission s'exprime en ces termes :

*Le Mémoire dans lequel M. Durand expose ce projet,
contient, en outre, QUELQUES DÉVELOPPEMENS sur la possibilité de son exécution, et est accompagné de dessins géné-*

raux des bassins et des bâtimens à construire, ainsi que d'un devis des dépenses.

Il est aisé de reconnaître que mon Mémoire contient, ainsi que mon devis et mes dessins, des *détails précis et circonstanciés* qui pourraient suffire, à la rigueur, à l'entière exécution du projet ; néanmoins, ce projet devrait encore être revu avec soin, s'il s'agissait de sa réalisation ; mais tel qu'il est, étudié dans tous ses détails, il contient certainement plus que *quelques développemens sur la possibilité de son exécution*, et que *des dessins généraux*. Je ne me suis pas borné à *indiquer* la question, je l'ai *traitée dans tous ses développemens.*

Après ces passages du Rapport, on trouve celui-ci, qui me paraît digne d'une sérieuse attention :

Ainsi, les 987$^{\text{m. cb.}}$ *d'eau filtrée* (51 $^4/_{10}$ *pouces fontainiers*), *etc., rendus au sommet du château d'eau, exigeraient de la ville,* etc.

J'ai prouvé, dans mon Mémoire, que 987$^{\text{m. cb.}}$ d'eau, distribués comme je l'indique, produiront *l'effet utile de* 100 *pouces fontainiers*, et cette disposition me paraît éminemment économique et bonne (*voyez mon Mémoire, page* 26). En effet, on n'amène de l'eau dans une ville que pour s'en servir, et l'on ne doit pas vouloir de celle qui n'y arriverait que pour s'y perdre, sans aucune utilité et sans autre résultat qu'une dépense considérable et sans objet ; tels sont les motifs de mon opinion, que je crois avoir suffisamment développée dans mon Mémoire, et sur laquelle j'insiste fortement. C'est parce que la Commission n'a point établi de distinction entre l'eau *perdue* et celle *utilisée*, qu'elle n'admet que la moitié du résultat que je trouve, et il peut être bon de remarquer ici que mon projet ne tend qu'à donner de l'eau pour les divers *usages de la vie*, et nullement pour les *irrigations*, qui sont entièrement étrangères à tout ce dont il s'agit maintenant.

La Commission s'exprime ainsi, sur le prix du *pouce* d'eau : *D'après cette évaluation, le pouce d'eau coûterait* 49 327 *francs*.

J'ai établi, d'une manière qui me semble évidente, (page 57 de mon Mémoire), qu'avec les données actuellement existantes, le pouce d'eau devait être évalué à 13 804 fr. 10 cent. Je ne répéterai pas ici les développemens contenus dans le Mémoire; il est plus simple d'y recourir.

En général, j'observe que mon Mémoire n'est réellement qu'un *résumé succinct,* plutôt susceptible d'augmentation que de réduction, et dans lequel j'ai cherché à exposer, le plus brièvement possible, ce que j'ai cru le plus utile à l'intelligence de mon projet. On sent combien il est difficile d'analyser un résumé déjà très-abrégé, surtout lorsque cette analyse est aussi courte que celle de la Commission : on ne sera donc pas surpris que ce dernier travail soit incomplet, et cela ne pouvait être autrement. Si on ajoute à ces considérations celles de quelques erreurs que je viens de signaler, il demeurera bien démontré qu'on ne peut se former une idée exacte de mon projet, d'après l'analyse de la Commission, quelque bien faite qu'elle puisse être, et qu'il est indispensable de lire en entier mon ouvrage lui-même.

Je passe à la 2ᵉ. partie du Rapport, consacrée à l'examen de

19

mon projet, et j'y remarque d'abord cette phrase, au sujet
du temps de repos de l'eau dans les bassins de calme.

Un repos de 3 fois 24 heures.

J'ai déjà établi que le *temps moyen* de repos serait de
4 jours ½, le *maximum* de 6 jours, et le *minimum* de 3
jours (voyez page 28), et ne puis qu'insister sur cette observation importante.

Je remarque, ensuite, ce qu'on va lire, dans le Rapport dont
il s'agit :

*Déjà, et depuis long-tems, ces procédés de clarifica-
tion sont connus, et sont même mis en usage par plusieurs
propriétaires......* En continuant quelques lignes plus bas,
on voit que ce sont les filtres de *Smith* et *Cuchet* qui sont
assimilés à mon mode de filtration.

Ainsi que Smith et Cuchet, je me sers du charbon comme
principe de la filtration ; mais ce point de ressemblance entre
nos procédés est le seul. Dans les filtres de Cuchet, la filtration
s'opère *en petit*, par *descension* et par *ascension*, et le filtre
compose un appareil assez compliqué et portatif, qui n'a rien
d'analogue avec mes bassins de calme. Dans mon projet, au
contraire, j'opère *en grand* par simple *descension*, et rien
au monde n'est plus simple que mes filtres, puisqu'ils sont
composés d'une seule caisse dans laquelle on superpose, sans
aucun soin minutieux, les matières filtrantes ; enfin, j'ai des
bassins de calme, dont on sent assez l'importance. Il est facile de voir, d'après ce rapprochement, que bien que mon
principe de filtration soit le même que celui de Smith et Cuchet, il n'y a néanmoins aucune analogie entre *son procédé*
et *le mien,* et que par conséquent nos procédés de clarification et de filtration ne sont point mis en usage à Bordeaux.

On lit plus bas, dans le Rapport :

Cette société (l'Académie royale des sciences de Bordeaux) *a reconnu la possibilité de parvenir à cette dépuration, en employant les moyens mis en usage à Paris dans l'établissement formé quai des Célestins;*

Et un peu plus bas encore, en citant le recueil de l'Académie, pour l'année 1821 :

Les moyens qui sont employés pour clarifier l'eau de la Seine, peuvent servir de données pour l'établissement d'un projet du même genre à Bordeaux.

Ainsi, l'Académie pensait que ce qui existe à Paris *pouvait servir de donnée* pour obtenir les mêmes résultats à Bordeaux; mais nulle part on ne voit que l'Académie *ait reconnu* que ces mêmes moyens produisaient réellement le même effet. Penser qu'une chose *peut servir de donnée pour obtenir un résultat*, n'est sûrement pas synonyme *avec reconnaître* que cette chose *peut réellement produire ce résultat :* dans le premier cas, on *fait une conjecture ;* dans le second, on *s'assure de l'existence d'un fait :* or, l'Académie a fait la première de ces choses, et les expériences sur l'eau de la Garonne ont seules fait et pu faire la seconde.

Je ne suivrai pas le Rapport de la Commission dans tous les détails relatifs aux expériences sur la filtration ; je remarquerai seulement qu'il en résulte que mes filtres produisent *plus que je ne l'avais annoncé* (voyez page 98), et qu'on a obtenu ce résultat avec une eau surchargée de beaucoup plus de vase que n'en contient celle de la Garonne, même pendant les *soubernes* (voyez page 92). En ceci, réside la confirmation la plus satisfaisante possible du procédé que je propose, et sur lequel repose tout mon projet.

Après avoir reconnu la supériorité de l'eau filtrée de la Garonne sur toutes les autres eaux de source de la ville et des environs, la Commission ajoute :

Que cependant, la filtration ne suffirait pas pour la dégager de la totalité des substances organiques qu'elle tient en dissolution; que la très-petite quantité qu'elle en contient encore, se manifeste, après quelques jours de repos, par des végétations qui se forment soit à la surface de l'eau, soit au fond des vases, etc.

Cette remarque est exacte ; mais il l'est aussi de dire, d'abord, que cet inconvénient est commun à toutes les eaux sans exception, même à *l'eau distillée*, qui, certes, est bien la plus pure de toutes ; ensuite, que l'eau filtrée de la Garonne ne l'éprouve qu'à un degré bien moindre que la meilleure eau de source : c'est, sans doute, là une des raisons qui ont engagé MM. Billaudel et Lartigue, dans leur examen des eaux de Bordeaux, à mettre celle de la Garonne, filtrée, dans la *première classe, avec un haut degré de supériorité.* (*Voyez le Recueil de l'Académie, de* 1821, *page* 109, *et le tableau à la fin du Recueil*).

Je remarque, ensuite, les phrases suivantes, dans le Rapport de la Commission :

D'après le premier travail présenté par M. Durand, etc...., ces bassins devaient se remplir, etc.

Ainsi que je l'ai expliqué, pages 27 et 28 de mon Mémoire, j'ai fait ici un changement important, dont l'idée me fut donnée par M. Billaudel, dans une des séances de la Commission. A ce premier acte d'obligeance, il voulut bien en joindre un second, en me confiant les notes tenues aux chantiers du port de Bordeaux, sur le régime de la Garonne, et c'est d'après ce document précieux que j'ai fait le changement dont il s'agit : ce fut après l'avoir fait, que, sur la demande de M. Billaudel, exprimée dans sa lettre du 20 Janvier 1829, je fis la remise de ses notes à la Commission, afin qu'elle en prît connaissance.

Je lis plus bas, dans le Rapport, ce qui suit :

La Commission regarde l'établissement de ces immenses bassins comme offrant encore de grandes difficultés....

Une couche de bonne maçonnerie de deux à trois pieds d'épaisseur sur un fort grillage qui, occupant toute la surface inférieure du bassin, se relierait avec les murs de soutènement, lui paraît indispensable.....

Mais elle croit devoir insister, principalement, sur la nécessité de donner à ces bassins et aux aqueducs d'évacuation une pente assez considérable....

Sans doute, l'exécution des *grandes choses* présente toujours de *grandes difficultés*; mais il suffit que ces difficultés puissent être surmontées, et il est évident qu'il en est ainsi dans cette occasion.

La qualité éminemment argileuse, et par conséquent imperméable, du sol, peut faire douter de la nécessité de la couche de maçonnerie; néanmoins elle ne saurait nuire, et je crois qu'en l'exécutant, on opérerait une amélioration.

Il est évident, par la lecture de mon Mémoire, que j'ai prévu la nécessité des pentes des bassins et des aqueducs : elles y sont positivement mentionnées pag. 28 et 29.

Le rapport exprime ensuite la pensée qu'on pourrait, peut-être, réduire l'étendue des bassins.

Alors même que cette conjecture serait une réalité, je croi-rais son exécution dangereuse et non admissible. L'eau, se reposant moins, serait portée plus trouble sur les filtres qu'elle engorgerait promptement, et on augmenterait ainsi les dé-penses et les embarras journaliers; vraisemblablement même, lorsque l'eau serait très-chargée de vase, l'engorgement des filtres serait tellement prompt et complet, qu'une interruption dans leur service serait indispensable, et, dès-lors, les fontaines seraient toutes et subitement arrêtées. Il n'y a pas d'inconvé-nient à laisser trop de repos à l'eau; il y en aurait d'immenses à lui en donner trop peu; d'ailleurs, dans un grand établis-sement, il faut que tout soit large et donne une aisance et une facilité qui sont loin d'être étrangères au succès des entreprises de ce genre. Je pense donc qu'alors même que les bassins pour-raient, à la rigueur, être réduits, ce que rien n'établit d'une manière positive, et ce que je ne pense pas, il ne convien-drait pas de leur faire subir cette modification.

Le rapport exprime la crainte
Qu'on ne fût exposé à des interruptions de service pen-dant les hivers où le froid serait assez intense et assez prolongé pour que l'eau s'y glaçât (dans les bassins) *à une grande profondeur.*

J'observe que, dans notre climat, l'eau n'est jamais gelée à une profondeur telle qu'il puisse en résulter des inconvé-niens notables; le brisement de la glace s'opèrerait, de lui-même et continuellement, par l'abaissement continuel de l'eau produit par l'aspiration de la pompe que, dans ces cas rares et exceptionnels, on ferait agir à la fois dans les deux bassins.

On lit ensuite dans le Rapport :

La Commission a seulement remarqué que les murs de refend de la petite cour sont un peu faibles.....

Je réponds que ces murs sont construits en moilons durs, écarris à la hache, et qu'ils auront 0ᵐ 65ᶜ (2 pieds) d'épaisseur. Cette force paraît plus que suffisante pour supporter la petite quantité d'eau contenue dans les bassins ; néanmoins, on pourrait l'augmenter sans aucun inconvénient.

Je lis plus bas, dans le rapport de la Commission :

Les betons les mieux composés se détériorent promptement dans notre climat, LORSQU'ILS SONT ALTERNATIVEMENT EXPOSÉS A L'EAU ET A L'AIR.

Mais cet inconvénient ne pourra atteindre les bassins que je propose, puisqu'ils *ne peuvent qu'être toujours pleins d'eau,* et, par conséquent, dans la position la plus avantageuse.

On trouve immédiatement après, dans le Rapport, ce qui suit :

Des bassins en plomb, établis sur une forte charpente en grillage, paraissent seuls propres à être admis.....

Il est prouvé, par l'expérience, que les bassins en beton, établis sur une base solide, ont une durée indéfinie, et ne sont passibles que de réparations excessivement rares. L'aqueduc antique mentionné dans le recueil de 1826 de l'Académie royale de Bordeaux, prouve assez la durée de ce genre de construction, et la longue et satisfaisante expérience qu'on en a faite dans tous les abattoirs de Paris, confirme assez tout le bien qu'on en peut penser.

Les réservoirs en plomb sont sujets, au contraire, à des pertes fréquentes, qui pourrissent les charpentes et entraînent mille inconvéniens que l'expérience ne constate que trop ; ces motifs m'ont déterminé pour l'adoption du beton.

Je remarque ensuite, dans le Rapport, la phrase suivante : *Le devis est très-succinctement rédigé.*

Il l'est, en effet, dans ce sens qu'il ne contient rien d'inutile, et que tout y est dit avec le moins de mots possible ; mais il ne faut pas en conclure qu'il ne soit que *sommaire ;* il entre, au contraire, dans *tous les détails utiles* et qui remplissent environ cinquante pages de calculs et de descriptions : il n'y aurait, à la rigueur, qu'un cahier des charges à y ajouter pour procéder à l'exécution. Au reste, je répète encore ici, que mon projet n'est pas un projet d'exécution, et que si on en venait là, il faudrait le revoir de nouveau. Je n'ai pas prétendu franchir d'un seul élan une aussi immense carrière ; j'ai voulu préciser toutes les choses importantes, et quant aux détails, il sera tems d'y ajouter ce qui peut y manquer, de même que de rédiger le cahier des charges, lorsqu'on s'occupera sérieusement de l'exécuti.. des travaux : j'observe enfin que, dans la conclusion de son Rapport, la Commission reconnaît que *les diverses parties de mon Projet paraissent avoir été étudiées avec soin* (page 129).

On lit, plus loin, dans le Rapport :
Le chapitre des frais journaliers peut, en particulier, présenter des sommes très-différentes de celles qui sont annoncées.

Je partage tout-à-fait, en ceci, l'avis de la Commission ; je n'ai jamais présenté le calcul de ces frais que comme fort éventuel, et comme absolument impropre à servir de base à aucune appréciation satisfaisante. (*Voy. mon Mémoire, pag.* 39). J'insiste sur cette observation, qui est importante.

Me voici parvenu à la troisième partie du travail de la Commission, dans laquelle elle se livre à l'examen de la quantité d'eau à fournir à la ville et des moyens déjà présentés pour y parvenir.

Je cite, d'abord, la phrase suivante du Rapport :

La quantité d'eau qu'une ville doit mettre à la disposition de ses habitans n'a jamais été déterminée d'une manière précise.

J'observe que les opinions ont pu varier sur ce point, mais qu'on est généralement d'accord sur la quantité *d'un pouce fontainier pour tous les besoins de mille personnes ;* je suis entré, à cet égard, dans des détails très-circonstanciés, dans mon Mémoire, pag. 26.

Il est facile, au reste, de sentir combien il serait aisé d'augmenter la quantité d'eau que je propose, si la nécessité s'en faisait jamais sentir.

Je remarque, ensuite, le passage suivant :

Certains d'entr'eux ont regardé comme de nécessité première l'irrigation des rues, etc.

Mais il est évident que mon projet n'a rien de relatif aux *irrigations ;* elles sont absolument hors de mon sujet, et je dois, par conséquent, n'en rien dire dans ce travail.

Lorsque j'ai recherché les moyens d'approvisionner la ville, j'ai, d'abord, étudié les lieux et les projets de mes devanciers, et j'ai consacré à leur examen le 2e. chapitre de mon Mé-

20

moire, auquel je renvoie. Ce n'est qu'après avoir acquis la
conviction que rien de ce qui existait, bien que très-digne d'é-
loge, ne pouvait atteindre convenablement le but proposé,
que j'ai cherché de nouveaux moyens dont le détail constitue
mon projet, de l'examen duquel il s'agit maintenant. Je n'insisterai donc, sur l'examen des projets antécédens, que pour
confirmer de nouveau le juste tribut d'éloges que je leur ai
déjà payé. Je ne suivrai pas la Commission dans la discussion
à laquelle elle se livre à cet égard, et je me bornerai à une
seule remarque, exclusivement relative à un fait matériel.

J'entends parler de la qualité des eaux ; tout le monde sait
qu'il y a de *bonnes* et de *mauvaises* eaux, mais quelques personnes ignorent en quoi consiste la différence qui existe entr'elles ; rien n'est plus important que cette connaissance pour
ceux qui s'occupent de fontaines, et ce motif m'a engagé à
traiter cette question. Je l'ai fait (*voyez pag.* 16, 17 *et* 18
de mon Mémoire) d'une manière rapide, il est vrai, mais
néanmoins suffisante, et j'insiste fortement sur ce point important.

Quant aux sondages artésiens, s'ils nous donnent de bonne
eau en quantité suffisante et à une hauteur convenable,
nul doute que ce moyen ne présente les plus grands avantages. Je remarque à ce sujet le passage suivant dans le rapport dont je m'occupe :

*Déjà, le creusement de plusieurs puits a prouvé qu'après
avoir percé des couches de rochers mêlés d'argile, il n'est
presque pas d'endroit à Bordeaux et dans les environs où
l'on ne rencontre une nappe d'eau abondante ; CETTE EAU,
COMMUNÉMENT TRÈS-CHARGÉE DE SELS, N'EST PAS CELLE A*

LAQUELLE ON DEVRAIT S'ARRÊTER ; IL FAUDRAIT, AU CON-TRAIRE, S'EN PRÉSERVER, pour n'admettre que celle que la sonde découvrirait dans des couches de craie.

Il résulte évidemment de ce passage, que la Commission, d'accord avec l'évidence, exclut de l'approvisionnement de la ville la nappe d'eau chargée de sels qui est à 8, 10 ou 12^m, environ, au-dessous du sol ; et comme cette nappe d'eau est d'une qualité analogue à celle qui alimente toutes les sources de la ville et celles situées à une petite distance, comme Rivière ou Sallebert, Dublan, Figuereau, Lagrange (1), etc., il en résulte que, comme moi, la Commission ne juge pas ces eaux propres à l'usage de la ville, et en effet, l'analyse chimique prouve l'exactitude de cette opinion. Je reviendrai bientôt sur cette note.

J'arrive à la conclusion du rapport de la Commission, et j'y lis ce qui suit, après des éloges accordés à mon projet :

Qu'en particulier, pour tout ce qui concerne la clarification par le repos et la filtration, un essai fait sur une assez grande échelle pour fournir de l'eau à une ou deux fontaines publiques, paraît indispensable, etc.

Il me paraît évident que cet essai serait de beaucoup insuffisant, et je m'en réfère à cet égard à ce que j'ai dit pag. 37 et 38, et en d'autres lieux de mon Mémoire, pour prouver qu'il est impossible de rien conclure d'exact d'expériences faites très en petit, pour un établissement monté sur une fort grande échelle. J'observe en outre qu'il faudrait, pour cet essai, or-

_____

(1) Cette analogie est indiquée dans le Mémoire de 1787 (*voyez le premier tableau*), et confirmée par l'analyse.

ganiser un système complet et en petit, et que ces dépenses considérables seraient en pure perte lors de l'exécution du grand projet, et qu'enfin on ne pourrait rien en conclure d'exact par les raisons que j'ai déjà données.

Je lis ensuite dans le Rapport les mots suivans :
Que le volume de 51 4/10 fontainiers, etc.
Je m'en réfère, à ce sujet, à ce que j'en ai dit pag. 26 et 27, auxquelles je crois utile de renvoyer.

La Commission ajoute plus loin :
Que l'indispensable nécessité d'une surveillance active, intelligente et soutenue, etc., constitue l'objection la plus puissante, etc.
Je m'en réfère, pour cet objet, à ce que j'en ai déjà dit pag. 36 et 37.

Je lis ensuite, dans le Rapport, la phrase suivante :
Il n'est pas exact de dire qu'il est impossible de compter sur les eaux de source pour l'approvisionnement de Bordeaux.
. Je rappelle à ce sujet, d'abord, que le Mémoire de 1787 déclare que toutes ces eaux sont de médiocre qualité (*voyez le premier tableau*); ensuite, ce que la Commission a dit elle-même sur ces mêmes eaux de source (*voyez pag.* 154 *et* 128), qu'elle reconnaît impropres à l'emploi dont il s'agit; enfin, ce que j'en ai dit dans mon Mémoire, pag. 4, 5, 6, 7, 8 et 18, et en plusieurs autres endroits.

La Commission ajoute ensuite :

L'eau la moins bonne des sources qu'on a proposé, en 1787 et 1791, d'amener à Bordeaux (celle de Figuereau), *ne peut être nuisible à l'économie animale......*

J'observe que cette eau, ainsi que celle de Lagrange, est analogue à celle de la nappe d'eau souterraine dont la Commission demande avec raison l'exclusion (*voyez pag.* 154 *et* 128), et dont j'ai d'ailleurs suffisamment prouvé, d'abord, la mauvaise qualité, ensuite, l'inévitable tendance à se corrompre tous les jours davantage, et enfin la diminution continuelle. (*Voyez mon Mémoire, pag.* 4, 5, 6, 7, 8 et 18, *et en plusieurs autres lieux*).

Je remarque ensuite, dans le Rapport, les mots suivans :

..... *On pourrait avoir recours à celles* (aux eaux) *de Figuereau, Lagrange, Rivière, Dublan, etc.*

Je répète ici que ces eaux sont les mêmes dont j'ai démontré les nombreux inconvéniens, et dont la Commission, elle-même, a demandé l'exclusion à propos des sondages artésiens. (*Voyez pag.* 154 *et* 128).

RÉSUMÉ.

Je crois devoir maintenant préciser, en peu de mots, l'état actuel de l'affaire dont il s'agit.

La Commission au rapport de laquelle ce travail est relatif, fut créée le 19 Décembre 1827, par arrêté de M. le Maire, et chargée par lui, 1°. *d'examiner mon travail* (art. 1er. de l'arrêté du 19 Décembre 1827); 2°. *et de vérifier, sur une plus grande échelle, les expériences indiquées dans mon Mémoire pour la clarification des eaux* (art. 2 dudit arrêté).

Deux points seulement étaient donc soumis à l'examen de la Commission.

Le premier était l'examen de mon travail, et la Commission ayant déclaré, dans sa conclusion, *qu'il ne présentait aucune impossibilité d'exécution* (pag. 129), il en résulte qu'elle l'approuve, sauf des modifications dont plusieurs sont discutées dans ces notes, mais dont aucune ne touche aux points capitaux de mon projet.

Le deuxième point, relatif à la clarification des eaux, est résolu de la manière la plus satisfaisante, puisque la Commission a reconnu, dans son rapport intitulé : *Résultat des expériences sur la filtration*, que j'avais obtenu des filtres d'expérience *un écoulement égal et même supérieur à celui que j'avais annoncé* (pag. 98).

Quant aux autres questions que la Commission a traitées, j'ai déjà produit mes observations dans mon Mémoire et dans ce travail; je n'y ajouterai rien, et il ne m'appartient de rien préjuger sur la décision à intervenir.

J'ai l'honneur d'être avec respect,

Monsieur le Maire ,

Votre très-humble et très-obéissant serviteur,

G. J. DURAND.

A Bordeaux, le 10 Mai 1829.

RAPPORT

DE M. J^{ques}. LUCADOU,

ADJOINT DE MAIRE,

DÉLÉGUÉ POUR LES TRAVAUX PUBLICS.

Monsieur le maire,

Le Conseil municipal, désirant coordonner, dans un système général, tout ce qui tient aux fontaines, a craint que des travaux partiels qui pourraient être entrepris ne se trouvassent pas en harmonie avec ses vues sur les moyens à adopter plus tard, pour donner à la ville et des eaux potables et des eaux d'irrigation. Il a donc ajourné la proposition que nous avons faite d'établir un bassin sur les Quinconces, des bornes fontaines au marché des Grands-Hommes; le tout alimenté par les réservoirs de l'établissement des bains.

Mais en ajournant, le Conseil a senti le besoin que la ville avait de se procurer des eaux; il a témoigné sa surprise que l'administration ne lui eût pas encore présenté un projet; il a même paru désirer que, dès cette année, les fonds excédans du budget pussent recevoir cette destination spéciale, et qu'une forte allocation fournît les moyens de commencer l'exécution de celui des projets qu'il aurait approuvé.

Si jusqu'ici l'administration n'a soumis aucun plan, il n'y a eu cependant ni négligence, ni manque d'activité de sa part. Elle n'a été retenue que par la nécessité de n'offrir que des idées parfaitement mûries, un système exécutable et comparé avec ceux qui, précédemment, avaient été proposés.

Aurait-elle pu agir autrement, lorsque c'est l'étude approfondie des détails, qui doit décider le parti qu'il faudra prendre, et quand elle vient de voir ajourner la proposition de translation du jardin botanique, de canalisation des Chartrons, par le motif que l'on ne présentait pas tous les plans, tous les devis (1)?

Cependant, nous devons au Conseil municipal de lui faire connaître le point où la question est arrivée; il verra alors s'il ne peut pas, comme nous le pensons, émettre un vote de fonds, se réservant de prendre un parti parmi les divers systèmes présentés.

De tout temps on a senti le besoin d'augmenter à Bordeaux la quantité des eaux potables.

Ce besoin est devenu plus pressant par l'accroissement de la population, par l'extension que notre ville a prise; d'ailleurs les sources qui se rencontraient dans l'intérieur (Fontaines de l'Or, Bouquière, d'Audège, Daurade, Figuereau) ont été diminuées ou sensiblement altérées par les infiltrations.

Cependant ce besoin n'a jamais été accompagné de craintes, car, en définitive, la Garonne était toujours là.

---

(1) Depuis la rédaction de ce Rapport, les renseignemens que nous avons fournis ont déterminé l'adoption des deux projets.

Aussi les fontaines, depuis quarante-cinq ans, ont-elles été considérées, par les diverses administrations qui se sont succédées, comme un objet important, mais dont on ne devrait s'occuper que lorsqu'il n'y en aurait pas de plus urgent.

L'administration actuelle est la seule qui, depuis quarante-cinq ans, ait fait des travaux approfondis pour les fontaines ; et si on lui adresse des reproches, cela ne peut provenir que de ce que ces travaux sont ignorés.

Ne perdons pas de vue la position de notre ville ; éloignée des montagnes, presque entourée de marais, on trouve dans ses environs peu de sources abondantes ; celles qu'on y rencontre sont, presque toutes, en contre-bas de son sol.

En 1787, MM. Larroque, Thiac, Blanc et Bonfin, présentèrent un mémoire sur la possibilité d'établir à Bordeaux un nombre suffisant de fontaines : dans ce mémoire, qu'eux-mêmes déclarent n'avoir pas été étudié, se basant sur des nivellemens qu'ils n'ont pas vérifiés, ils proposent de s'emparer de diverses sources des environs sud-ouest de Bordeaux, et de les distribuer, d'après leurs pentes, dans les différens quartiers : ils portent la dépense approximative à 1,652,041 fr.

Un ingénieur, M. Lobjeois, présenta, en 1791, une suite de mémoires sur la possibilité de fournir à Bordeaux les eaux nécessaires : il proposait de réunir à la source de Figuereau celles de Rivière et Blanc ; de les élever au moyen d'une pompe à feu, et de les distribuer dans la ville. Ce projet n'était encore qu'un aperçu, mais sa dépense paraissait devoir être infiniment moins forte que celle indiquée dans le mémoire précédent, auquel il se rattachait toutefois.

Au commencement de 1828, M. Durand, ingénieur hy-

ment des fontaines à Bordeaux. Ce projet, fruit de trois années d'un travail assidu, se base :

1°. Sur la dépuration, par le repos, des eaux de la Garonne ;

2°. Sur leur élévation par une machine à vapeur, et leur filtration au moyen du sable et du charbon ;

3°. Sur leur distribution dans tous les quartiers de la ville.

D'après ce projet, pour 1,380,410 fr. 88 cent de capital, et 57,750 fr. de dépense annuelle, 1012 mètres cubes, soit 4337 barriques d'eau filtrée, seraient journellement distribuées dans la ville. Cette quantité, jointe à celle que fournit déjà la source d'Arlac, serait plus que suffisante pour tous les besoins d'eau potable d'une ville de 120,000 habitans ; surtout si l'on considère que plusieurs parties de la ville sont déjà abreuvées par d'excellente eau de puits.

Le projet de M. Durand, s'appuyant sur la possibilité de filtrer en grand les eaux d'un fleuve, et d'un fleuve chargé d'autant de limon que le nôtre, comportait des travaux d'un genre encore peu connu : il ne pouvait donc inspirer à l'administration une confiance entière, que lorsqu'il aurait été examiné par des personnes à portée d'en apprécier toutes les données, de répéter en grand toutes les expériences.

Aussi l'administration crut-elle convenable, avant d'asseoir sur ce projet une opinion, et par conséquent d'oser le présenter au Conseil, de nommer une commission capable de le juger.

Cette Commission, après un an de travail, et le 7 Février 1829, a remis son rapport. Elle reconnaît que le projet de M. Durand est exécutable ; mais qu'avant de se livrer à une dépense aussi importante, il conviendrait d'étudier avec soin les projets de 1787 et 1791, pour savoir si, avec moins de frais, on ne pourrait pas se procurer les eaux suffisantes.

Comme en 1787, comme en 1791, la Commission insiste sur la possibilité, la convenance même, de conduire à Bordeaux 200 pouces de l'Eau Bourde, prise au-dessus du bief de Gradignan, et n'en évalue la dépense qu'à 3,000,000 fr., sans y comprendre, il est vrai, l'indemnité à payer aux propriétaires, et qu'elle porte à 800,000 fr.

La lecture de ce rapport, l'amour du bien public, engagèrent un honorable membre du Conseil municipal à offrir de conduire l'Eau Bourde à Bordeaux, moyennant 2,000,000 fr.

Depuis que la Commission nous a remis son rapport, nous nous sommes livré avec activité, mais non sans interruption, à cause de nos nombreux travaux, aux études qu'il indiquait. Les sources des Carmes, de Figuereau, de Rivière, de Dublan, ont été jaugées exactement, et nous ont offert des résultats bien differens de ce qu'on les évaluait (1).

---

(1) Voici les résultats de ces jaugeages, faits sous nos yeux et scrupuleusement vérifiés par nous-même ; nous y joignons ceux précédemment publiés dans les Mémoires de 1787 et 1791.

NOMS DES SOURCES.	PRODUIT DES SOURCES selon			OBSERVATIONS.
	LE MÉMOIRE de 1787.	LE MÉMOIRE de 1791.	Nos propres opérations.	
Salebert (Rivière),.....	7 pouces.	17 1/, pouces.	20 " pouces.	
Dublan........	7.3 "	31 " "	30 " "	
Figuereau........	7 "	10 1/, "	10 1/10 "	
Articuemale (Carmes),.	34 ,	40 " "	29 1 10 "	Cette quantité a été obtenue en jaugeant à l'extrémité d'une longue suite de fossés ou bassins. en jaugeant aux canules même de la source, on n'obtient que 10 9/10 de pouces.
	121 pouces.	99 " pouces.	89 9/10 pouces.	

Un plan du cours de l'Eau Bourde a été dressé ; M. le Préfet a été prié de consulter les Maires sur les indemnités que réclamaient les propriétaires, et ces diverses investigations nous ont fait reconnaître :

1°. Que les sources sont loin de présenter les quantités qu'on s'en promettait ;

2°. Que les dépenses seraient beaucoup plus considérables qu'elles n'étaient calculées en 1787 et 1791 ;

3°. Que la somme seule à payer pour indemnités aux riverains de l'Eau Bourde, dépasseroit de plus d'un million celle que demandait le membre du Conseil municipal.

Cependant, nous ne pouvons pas encore prouver, par des documens positifs, par des évaluations administratives, cette opinion, résultat de nos travaux ; et ce n'est que lorsque nous aurons tous les documens, quand nous aurons pu établir tous nos calculs, que nous serons à même de présenter au Conseil municipal le travail général sur les fontaines à établir à Bordeaux.

Nous pensions que ce retard devait d'autant moins nous être reproché, que le Conseil n'aurait pas cru prudent de prendre un parti définitif avant de connaître, par l'expérience, ce qu'on pouvait se promettre dans nos contrés des sondages artésiens.

Vous savez, Monsieur le Maire, qu'un essai en petit, avec de bien faibles moyens, a été fait à Caudéran, moins dans l'espérance de trouver de l'eau, que pour former des ouvriers. Le sondage, porté à 130 pieds, n'a donné encore aucune espérance. M. de Lascaze, près de Libourne, s'adressant à une compagnie expérimentée (MM. Flachat frères), a creusé inutilement jusqu'à 240 pieds. Devra-t-on se décourager après d'aussi faibles essais ? Convient-il, au contraire, de dépenser une somme de 18 à 20,000 fr. , pour faire dans l'intérieur de la ville de nouvelles expériences ? C'est ce que le Conseil municipal devra décider.

Toutefois , et sans conserver beaucoup d'espoir sur le sondage artésien , nous trouverions imprudent de commencer une dépense de 1,400,000 fr. que présente le projet de M. Durand, lorsque nous ignorons encore si notre sol ne peut pas nous offrir, pour une faible somme , des avantages équivalens.

Mais cet état d'incertitude ne pourra pas se prolonger long-tems , et c'est sur le sondage artésien que le Conseil devra d'abord se prononcer. S'il veut que des expériences soient faites , dans peu de mois nous s serons fixés , et avant que le résultat en soit connu , tout le travail des fontaines lui aura été présenté.

Une des objections que l'on pourrait élever contre le projet de M. Durand, c'est qu'il ne s'est pas occupé des eaux d'irrigation.

On comprendra facilement que ce n'est ni à des filtres, ni à des sources éloignées et peu abondantes, que l'on peut les demander. Si les puits artésiens ne nous en donnent pas , nous ne pourrons les avoir que par l'établissement des bains ; à moins que l'on ne voulût tenter sur la place Dauphine un puits semblable à celui du nouvel hôpital.

Ce puits , attendu la profondeur, devrait, avec le réservoir, coûter 24 à 25,000 fr. On élèverait l'eau au moyen d'une pompe à vapeur qui coûterait 18,000 fr. d'achat, et 7 à 8,000 fr. par an de combustible et d'entretien.

Voilà tout ce que l'administration peut dire quant à présent sur les projets de fontaines.

Quelque imparfaites que soient ces données, convient-il que le Conseil municipal vote des fonds considérables ? Nous le pensons.

En effet, si aucun projet n'est assez mûr pour être adopté sur le champ, il peut l'être encore dans le courant de 1829, et alors les travaux commenceront en 1830.

Si aucun plan général n'était approuvé, on tenterait au moins le sondage artésien, qui emploierait 20,000 fr. En cas de non réussite, on entreprendrait le puits de la place Dauphine, dont la dépense s'élèverait de 42 à 44,000 fr.; et, dans l'un comme dans l'autre cas, la distribution des eaux, les fontaines, le bassin de la place Louis XVI, offriraient les moyens d'appliquer utilement la somme allouée, quelque importante qu'elle fût.

Au reste, un vote pareil laisserait au Conseil toute son initiative, car la délibération devrait porter sur *les projets que le Conseil pourrait ultérieurement adopter;* ce ne serait qu'une assignation de somme, et je crois convenable de l'établir au budget.

Bordeaux, le 12 Août 1829.

L'Adjoint de Maire, délégué pour les travaux publics,

J^{ques}. LUCADOU.

ARTEMENT
A GIRONDE.

ABINET
LE PRÉFET.

COPIE.

MAIRIE DE LA VILLE DE BORDEAUX.

Bordeaux, le 22 Août 1829.

Monsieur le Maire,

Depuis plusieurs années vous vous occupez, avec le zèle qui vous caractérise, de l'examen des moyens de procurer à la ville confiée à votre administration, des fontaines dont elle manque d'une manière presque absolue. Des commissions ont été chargées par vous d'examiner les divers systèmes proposés pour atteindre ce but utile; mais telle est la difficulté du sujet, que jusqu'à ce moment aucuns rapports ne vous ont été faits, aucuns plans n'ont été présentés d'une manière assez précise pour avoir fixé vos idées et celles de l'administration. Je sais cependant que trois systèmes semblent devoir partager l'opinion publique.

L'un a pour objet d'emprunter à la rivière de l'Eau Bourde une certaine quantité d'eau, de la conduire sur le point culminant, et de là dans tous les quartiers de la ville;

Le second, et c'est celui auquel on s'est long-tems arrêté, consisterait à réunir les eaux des diverses sources qui alimentent les fontaines actuelles, à les élever et à les distribuer;

Le troisième tend à prendre dans la Garonne l'eau dont on aurait besoin, à la filtrer au moyen d'un vaste appareil, et à la porter sur la place Dauphine, d'où elle se répandrait vers les points inférieurs.

Des recherches auxquelles j'ai dû me livrer avec l'ardeur et en même tems la réflexion qu'exige cet objet important, ne me laissent aucun doute sur l'impossibilité de faire circuler dans les rues de Bordeaux l'une des deux petites rivières qui coulent à deux lieues au sud de la ville. Amenées avec une dépense considérable, en raison soit de l'établissement d'un canal de dérivation, soit des indemnités que ne manqueraient pas de réclamer les propriétaires des nombreuses usines qu'elles alimentent, on ne pourrait les élever qu'à l'aide de machines à la hauteur des points d'où elles devraient partir pour parcourir la ville; et si l'on négligeait ces importantes considérations, on ne manquerait pas de s'arrêter devant celle de la mauvaise qualité de ces eaux relativement à leur application aux besoins usuels des ménages. Ce projet auquel, je ne sais pourquoi, on s'arrête encore, après l'étude si décisive qui en a été déjà faite, ne doit donc laisser aucune espérance de réalisation; y persister, serait employer une espèce de fin de non-recevoir contre d'autres projets d'une exécution plus facile et plus avantageuse.

Depuis long-tems on a songé à réunir les eaux des diverses sources qui, en ce moment, pourvoient d'une manière si précaire aux besoins de la population. Des hommes aussi recommandables par leurs talens que par leur zèle pour le bien public, ont cru trouver dans ce système la solution du problème qu'ils étaient appelés à examiner. A une époque où la mécanique avait encore fait peu de progrès, où la machine de Marly se présentait, avec toute sa complication et son encombrement, comme le seul moyen connu de porter à une grande hauteur une masse d'eau considérable, on devait adopter un mode qui semblait n'être qu'une extension donnée à ce qui existait

déjà. Ce parti était à la fois le plus sage, parce que le succès
en paraissait assuré, et le plus convenable, parce qu'il offrait
les moindres inconvéniens. Mais doit-il conserver la même
faveur, maintenant que l'accroissement de la population a
rendu plus sensible encore l'insuffisance, déjà reconnue à l'é-
poque où le projet avait été arrêté, des eaux qu'il devait
amener? Ne convient-il pas de ne faire de ces eaux qu'un ac-
cessoire dans la distribution de celles que réclame, en plus
grande quantité, l'exigence d'une population presque double,
et d'une ville qui s'est étendue dans une égale proportion? Ces
questions, déjà décidées par une foule de bons esprits, dans
un sens défavorable au projet, se recommandent à un examen réfléchi de la part de l'administration, qui doit trouver
dans le retard qu'éprouve, depuis long-tems, un rapport demandé à une commission qui semblerait disposée à se rapprocher de l'idée fondamentale de ce même projet, une raison
de douter de son mérite, sous la double considération des
résultats et de la facilité de l'exécution.

Une pensée plus vaste, plus grandiose, plus digne de la
ville de Bordeaux, est celle de l'application des eaux de la
Garonne à tous les usages qui, dans une cité populeuse, réclament une masse d'eau considérable. Sous les principaux
rapports, cette pensée se présente accompagnée de tout ce
qui doit la recommander à la préférence des administrateurs.
Soit qu'afin de dégager son exécution des difficultés qu'entraî-
nerait le filtrage des eaux, et se procurer ainsi la faculté de
les distribuer en plus grande abondance, on les donne dans
l'état où les fournirait la rivière; soit qu'on les soumette à une
dépuration qui forcerait d'en restreindre le volume, mais qui
ajouterait à leur qualité, ce projet apparaît avec une étendue,

18

une certitude de succès, un complet, qui ne laisseraient aucun
prétexte à l'hésitation, si une dépense énorme ne s'interposait
comme un obstacle presque insurmontable entre son adoption
et son exécution.

En effet, quelque économie que l'on apporte dans l'établissement de tout ce qui se rattache à un tel plan, on ne saurait
raisonnablement en évaluer la dépense à moins de trois millions. La situation des finances de la ville, prospère relativement à des besoins ordinaires, ne se prêterait pas à une pareille
dépense ; il faudrait donc recourir à un emprunt, facile à obtenir, mais destiné à devenir une charge importune jusqu'à
son complet acquittement. En vain dira-t-on que le poids en
sera allégé par le produit de la vente des eaux ; cette ressource,
subordonnée à de nombreuses éventualités, ne peut être calculée par une administration qui serait entraînée à préférer
une distribution des eaux assez large pour rendre nul le besoin d'en obtenir dans les maisons. Ce serait donc à un emprunt qu'il faudrait se décider, et par suite, à une affectation
annuelle de 250 à 300,000 fr. par an pour en couvrir l'a-
mortissement et les intérêts ; ce qui présente un long avenir
de restriction et de réserve pour toutes les dépenses qui sor-
tiraient du cercle rigoureusement calculé des dépenses ordinaires.

Cette considération, Monsieur le Maire, frappera bon
nombre d'esprits judicieux, et entraînera probablement un
long ajournement d'un projet dont l'utilité ne saurait être
contestée. J'ai pensé qu'il conviendrait de le sacrifier à un
système moins brillant, mais d'une exécution moins dispen-
dieuse et plus en harmonie avec les ressources dont le Conseil
municipal peut disposer. Je vais l'indiquer sommairement, et

je laisserai à l'administration le soin de l'apprécier et de le modifier selon les indications que lui fournira sa sagesse.

Les eaux qui alimentent les fontaines actuelles, recueillies avec plus de soin, et arrêtées pendant dix heures sur vingt-quatre, permettraient de doubler le nombre des fontaines, et d'en établir dans beaucoup de rues absolument privées d'eau. La portion de la ville comprise entre les rues Porte-Dijeaux et Saint-Jean serait ainsi approvisionnée.

La fontaine de l'Or fournirait à une ample distribution sur les quais, jusqu'à l'extrémité des Chartrons.

Au moyen d'une transaction passée avec les actionnaires des bains, ces établissemens donneraient, d'une manière avantageuse pour eux et utile pour une importante partie de la ville, les eaux nécessaires au Château-Trompette et à ses dépendances, au Chapeau-Rouge, au Jardin-Royal, au marché des Grands-Hommes, à la place Saint-Germain, aux allées de Tourny et à une partie de la rue des Fossés de l'Intendance. Ces eaux seraient troubles, il est vrai, mais leur filtrage deviendrait bientôt une habitude peu pénible à contracter et à entretenir, et dont l'inconvénient ne devrait pas être une cause de rejet pour le projet.

Un essai, couronné du succès le plus complet, a procuré au nouvel hôpital des eaux d'une qualité supérieure, et qui dépassent de beaucoup ses besoins. Cet essai, répété sur la place Dauphine, promettrait un égal succès. Les eaux que l'on obtiendrait ainsi, élevées au moyen d'une machine à vapeur établie sur l'emplacement du corps-de-garde, jailliraient d'un château d'eau construit au milieu de la place, et circuleraient dans les quartiers du Pont-Long, Saint-Seurin, Fondaudège, cours de Tourny, fossés de l'Intendance et rue Porte-Dijeaux.

Un pareil moyen serait appliqué à deux puits aussi abon-
dans que celui de l'hôpital, dont les eaux seraient distribuées
dans la rue Saint-Jean, le faubourg Saint-Julien et les quartiers environnans.

Enfin, les fontaines de Lagrange et de Figuereau se répan-
draient dans l'extrémité Fondaudège jusqu'au Palais Galien,
et dans le quartier des Chartrons.

Ce système, Monsieur le Maire, offre le double avantage
d'une certitude complète dans le succès et d'une grande économie dans la dépense. En effet, la place Dauphine exceptée
(et une simple fouille permettra de lever promptement tous
les doutes), on a partout l'eau nécessaire, puisque les sources
actuellement utilisées, les eaux de la Garonne appelées par les
machines des bains, les puits de Saint-Nicolas de Grave et de
la place Saint-Julien, et les fontaines de Lagrange et de Figuereau, suffiraient amplement à une riche irrigation dans toute
la ville.

Quant à l'économie comparée de ce système, elle est évidente ; la dépense très-considérable du château d'eau et du
principal tuyau de conduite de la rivière au point de distribution n'existerait plus. Quatre machines à vapeur, évaluées
à 50,000 fr. chaque, en y comprenant les bâtimens destinés
à les enfermer, suffiraient pour élever les eaux, qui circuleraient ensuite avec d'autant moins de frais, qu'elles se rendraient directement au point où elles devraient jaillir.

Une évaluation, qui semble fort large, porte à 5,000 fr.
la dépense réelle de chaque bec de fontaine ; 800,000 fr. suffiraient pour la création de cent soixante jets. Si l'on ajoute
à cette somme celle de 200,000 fr. pour l'achat et le loge-
ment des machines à vapeur, et une somme égale pour la

construction de quelques fontaines monumentales, autres que les bornes desquelles l'eau jaillirait sur le plus grand nombre des points, on se convaincra que 1,200,000 fr. suffiront pour procurer à la ville de Bordeaux les eaux dont elle est complétement privée, et que cette dépense, fractionnée en cinq parties, suivant la distribution des eaux auxquelles elle serait appliquée, n'aurait rien qui excédât les ressources dont, après la libération de l'emprunt contracté en 1819, le Conseil municipal pourra disposer.

Telles sont, Monsieur le Maire, les vues que m'a suggérées l'examen approfondi d'une des questions les plus intéressantes de l'administration de votre ville. Séduit par la facilité de leur réalisation, convaincu des avantages réels qu'elles présentent, je les soumets avec confiance aux lumières du Conseil municipal et aux vôtres, en vous assurant toutefois de mon empressement à adopter tel autre plan qui, même en présentant la perspective d'une dépense plus considérable, offrirait une chance également prompte et certaine de succès.

J'ai l'honneur d'être avec une haute considération,

MONSIEUR LE MAIRE,

Votre très-humble et obéissant
serviteur,

Le Conseiller d'État, Préfet de la Gironde.

Baron D'HAUSSEZ.

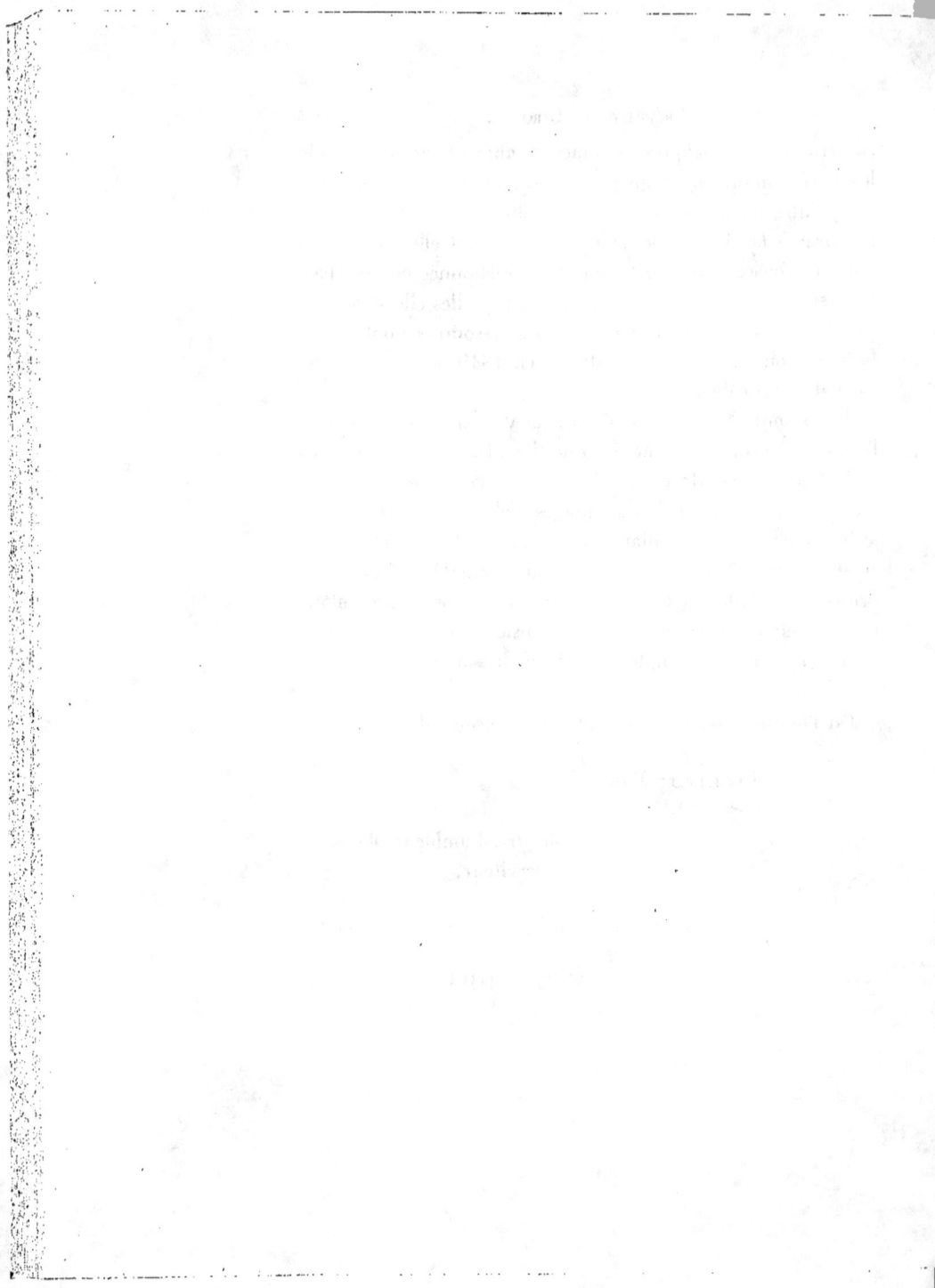

PLAN GÉNÉRAL.

PONTONS DE BORDEAUX.

PROJET DE Mr DURAND.

LA GIRONDE

Bassin de Carène.

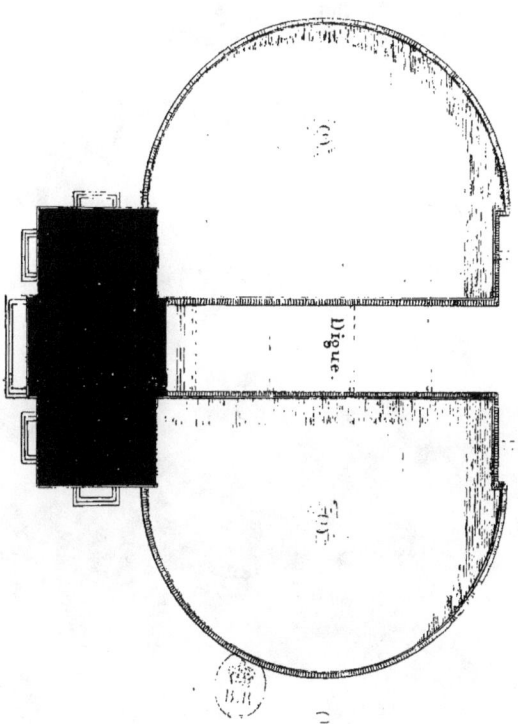

Digue.

Bassin de Carène.

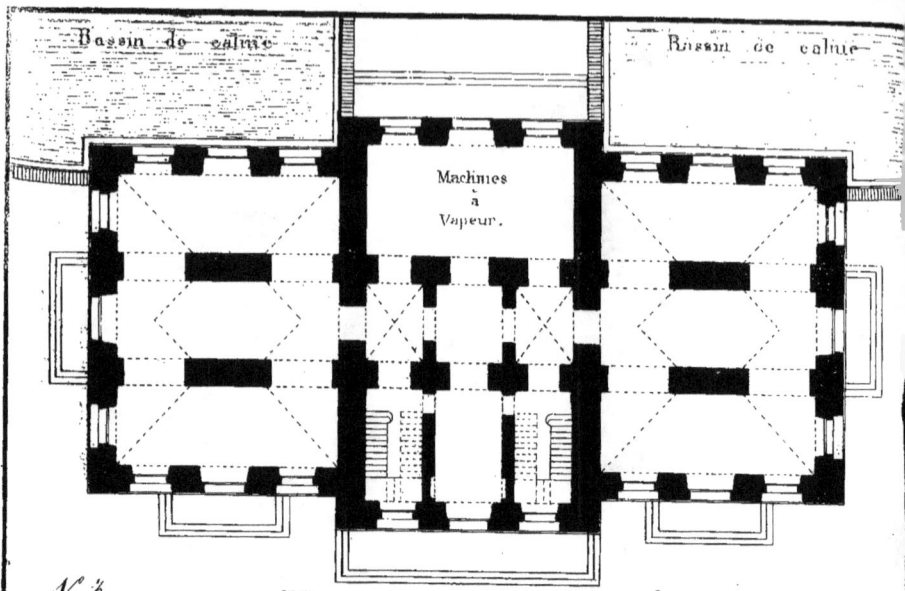

N.º 3.

Plan du rez de chaussée

Bassin de calme

Bassin de calme

Machines à Vapeur.

FONTAINES DE BORDEAUX.————PROJET DE M.ᵉ DURAND

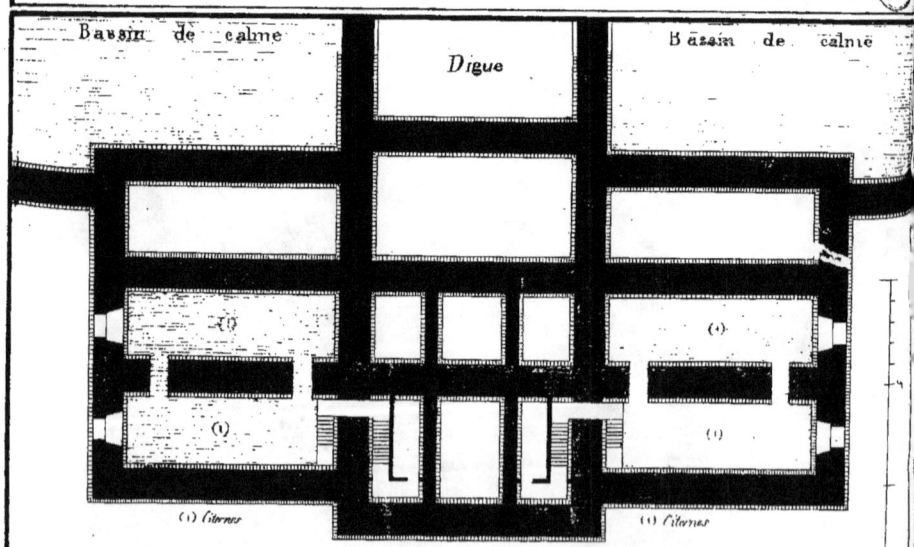

Bassin de calme

Digue

Bassin de calme

(1) Citernes

(1) Citernes

N.º 2.

Plan des fondations

Bassin de calme   Digue   Bassin de calme

Platforme

enduite

cour

en

Asphalte

(1) Eau filtrée.   (2) Eau reposée

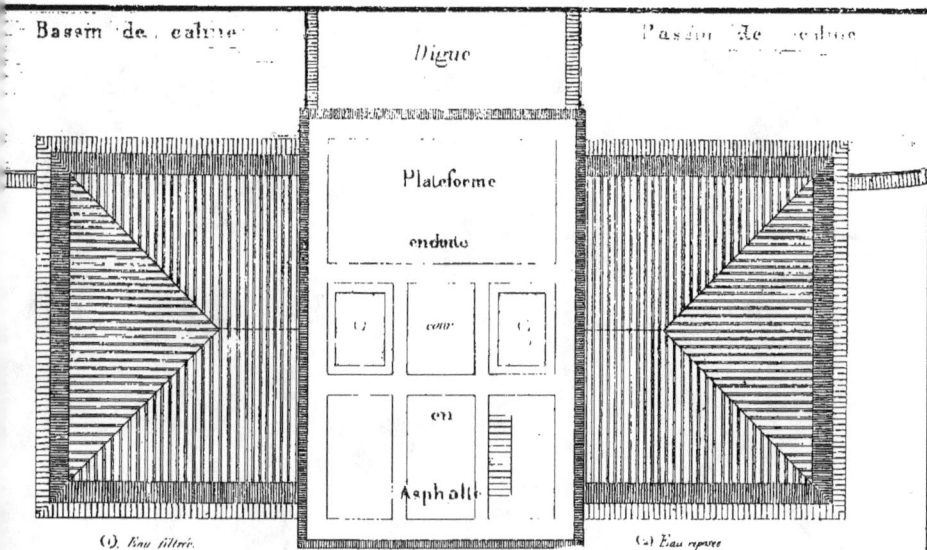

Plan des combles

N.° 5.

Bassin de calme   Digue   Bassin de calme

Dépôt
de
Bois, &c

dégagement   escalier

x x x Filtres   x x x Filtres

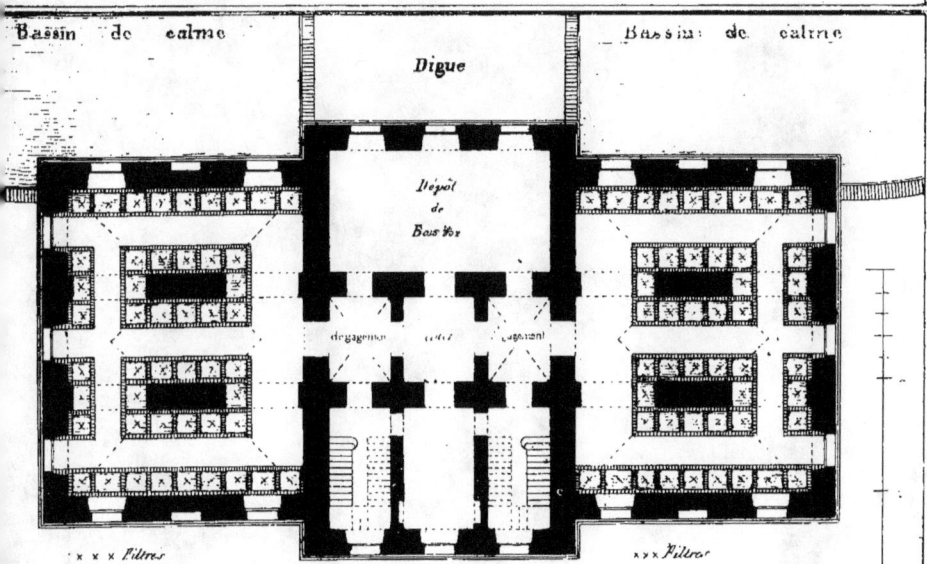

Plan du 1.er et du 2.e étage

N.° 4.

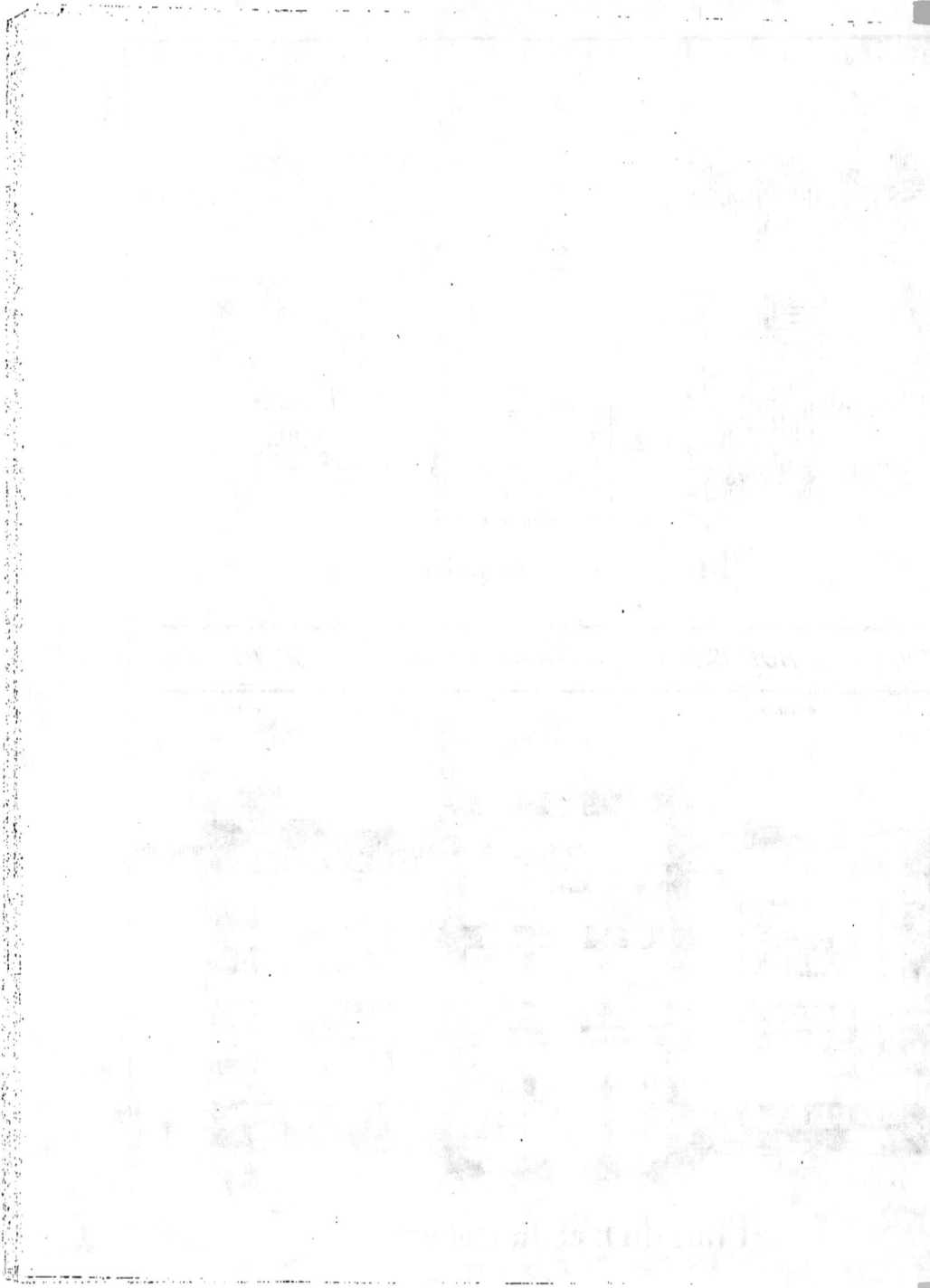

FONTAINES DE BORDEAUX.

ÉLÉVATION.

PROJET DE Mr DURAND.

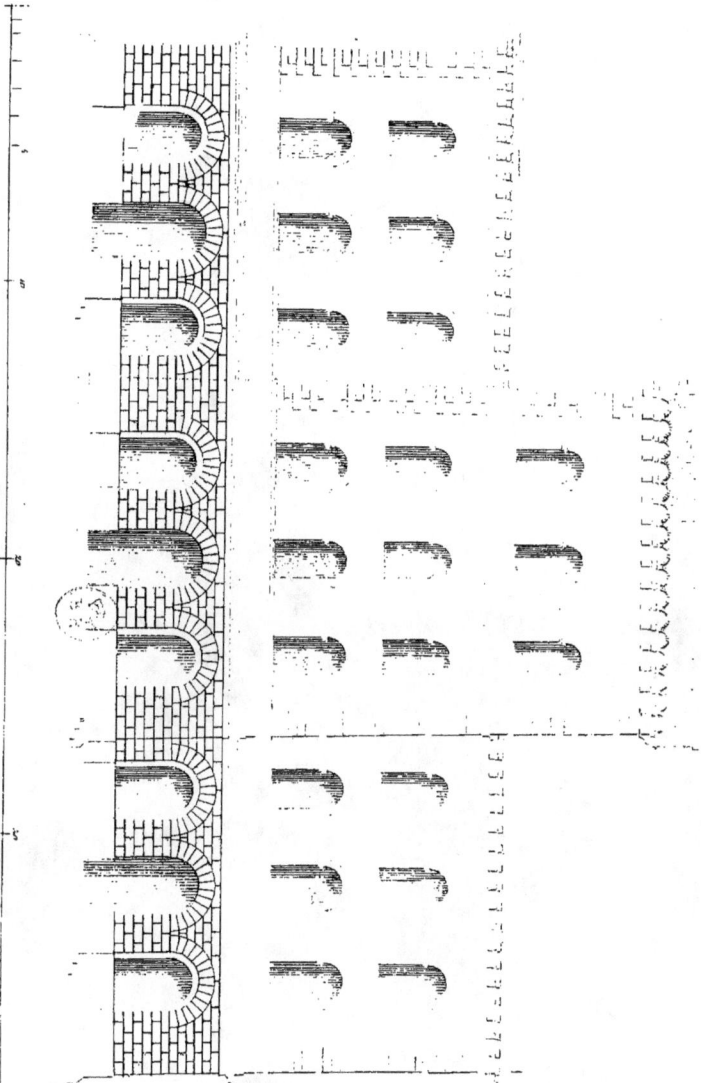

FONTAINES DE BORDEAUX

COUPE

PROJET DE Mr DURAND.